East and West:
Taoism Versus Judaism

东方与西方：
道家与犹太
哲学

人与自然的
关系

［韩国］崔英镇　著

吴万伟　译

葛小辉　校译

中国政法大学出版社

图书在版编目（ＣＩＰ）数据

东方与西方：道家与犹太哲学/（韩）崔英镇著；吴万伟译
北京：中国政法大学出版社，2018.11
　ISBN 978-7-5620-8655-0

　Ⅰ.①东… Ⅱ.①崔…②吴… Ⅲ.①道家－研究②犹太哲学－研究
Ⅳ.①B223.05②B382

中国版本图书馆CIP数据核字（2018）第243204号

书　　名	东方与西方：道家与犹太哲学 DONGFANG YU XIFANG DAOJIA YU YOUTAI ZHEXUE
出版者	中国政法大学出版社
地　　址	北京市海淀区西土城路25号
邮　　箱	fadapress@163.com
网　　址	http://www.cuplpress.com（网络实名：中国政法大学出版社）
电　　话	010-58908466（第七编辑部）　58908334（邮购部）
承　　印	固安华明印业有限公司
开　　本	880mm×1230mm　1/32
印　　张	8.75
字　　数	200千字
版　　次	2018年11月第1版
印　　次	2020年5月第2次印刷
定　　价	45.00元

作者简介

崔英镇（Y. J. Choi），现为韩国延世大学（Yonsei University）詹姆斯·T. 莱尼（James T. Laney）讲席杰出教授，讲授韩美关系、东西方文明比较等课程。2013 年 5 月之前，担任韩国驻美大使；2007~2011 年，担任联合国科特迪瓦行动（United Nations Operations in Cote d'Ivoire）总负责人，2011 年他在该国民主化和重新统一方面发挥的积极作用得到认可。他还曾担任韩国常驻联合国代表（2005~2006 年）、韩国外交部副部长（2004 年）、驻维也纳大使（2002 年）、联合国负责维和行动的助理秘书长（1998~1999 年）、朝鲜半岛能源开发组织副秘书长（1995~1997 年）。他曾在延世大学学习医学和国际关系，并获得法国巴黎第一大学（the University of Paris I Panthéon-Sorbonne，又称先贤祠索邦大学）国际关系学博士学位。著有东西方文明比较三部曲，深入探讨了两个文明赖以立基的文化哲学思想。

译者简介

吴万伟，现为武汉科技大学外语学院教授，翻译研究所所长。译著有《行为糟糕的哲学家》（北京：新星出版社 2006 年）、《中国新儒家》（上海：上海三联书店 2010 年）、《分配正义简史》（南京：译林出版社 2010 年）、《大西洋的跨越》（南京：译林出版社

2011 年)、《城市的精神》（繁体字版，台北：财信出版社 2012 年；简体字版，重庆：重庆出版社 2012 年）、《儒家民主：杜威式重建》（北京：中国人民大学出版社 2014 年）、《教育与公共价值的危机》（北京：中国人民大学出版社 2016 年）、《贤能政治》（北京：中信出版集团 2016 年）、《圣境：宋明理学的当代意义》（北京：中国社会科学出版社 2017 年）等。

校译者简介

葛小辉，现为韩国成均馆大学东亚系在读博士，重庆大学经略研究院研究员。中国人民大学国际关系学院外交学系学士与硕士、韩国成均馆大学东亚学术院东亚系硕士。曾任东亚研究英文期刊 Sungkyun Journal of East Asian Studies（成均馆大学主办）编辑助理、成均馆大学成均中国研究所助理研究员、韩国庆南大学远东问题研究所所长研究助理。主要研究领域包括中国传统对外思想和体制、东北亚近现代国际关系史、近代中日韩政治思潮、当代韩国政治经济等。

目 录

绪 论

何谓东方，何谓西方？在对比东方与西方的时候，考虑其各自的地理位置是非常有用的。请让我们设想一下两千五百年前的世界文明地图［我们能够找到的精彩例子是作家赫伯特·乔治·韦尔斯（H. G. Wells）在《世界史纲》(The Outline of History) 中勾画的"公元前 250 年的已知世界"］。此一阶段对东西方的比较而言具有重要意义，因为这是东西方文明刚刚开始获得区别性特征的阶段，而且在后来将近两千年的发展中，两者之间并无显著的交往互动。这一时期的地图仅显示出位于欧亚大陆两端的两个文化地区：西部由南欧、中东、印度和北非组成，而东部则由中国、朝鲜、日本和南蒙古组成。东西之间仅靠一条在地图上几乎看不见的贸易路线相连——丝绸之路。

在图"公元前 250 年的已知世界"上显示出两个不同的区域：西方人所熟知的部分由南欧、中东、印度和北非组成，而东方人所熟知的部分则由中国、朝鲜、日本和南蒙古组成。[1]

---

〔1〕 H. G. Wells, The Outline of History, vol. 1（New York：Doubleday, 1949），304. Map by James Francis Horrabin.

公元前 250 年的已知世界

如上图所示，虽然东西方界限分明，但是我们长期以来受到的教育却是，"东方"指欧洲以东的整个欧亚大陆：近东、中东、印度和远东。今天我们仍然在使用欧洲中心主义的命名法。但是，从历史、民族、文化和地缘政治的角度来说，近东、中东和印度与欧洲的相同之处要远多于它们与远东——现在越来越多地被称为东亚——的相同之处。

多种不同的称呼被用来指称中国、日本、朝鲜和越南这四个国家："儒家亚洲""使用汉字的东亚国家""东亚"等。在本书中，出于文化原因，我选择使用"东方"和"东亚"。这两个称呼不仅包括上文提到的四个国家，还包括新加坡等国家和地区，它们同样使用汉字，也共享儒家、道家和佛教文化。

理查德·尼斯贝特（Richard Nisbett）教授是西方少见的、在"平等的基础"上考察东方文明与西方文明之关联性的思想家之一。在其《思维版图：东西方思维差异及其原因》一书中，他解释了东西方对比的深度和广度：

> 虽然心理学家相信存在普遍性，但其他领域的许多学者则认为西方人（主要是欧洲人、美洲人、英联邦公民）和东亚人（主要是中国人、朝鲜人和日本人）拥有不同的思想体系长达数千年之久。[1]

> 从人口角度进行的这种东西方对比有着怎样的意义呢？

> 当今世界超过 10 亿人声称其思想遗产源自古希腊。超过 20 亿人宣称自己是中国思想传统的后裔。2500 年前希腊和中国在哲学成就上的差别非常显著，一如它们各自的社会结构和对自身的认知。[2]

因此，西方人和东方人都需要摆脱自己的西方中心主义旧习惯，重新理解东方（还有西方）。理解中国和更广泛意义上的东方，尤其是它们的文化和文明根本特征已经是势在必行的了。因此，对于任何至少想要积极参与 21 世纪治理的国家或民族而言，拥有东西方比较文明的视野是至关重要的。

自从中国和东亚登上世界经济舞台并实现了历史性崛起之后，世界上有关这一地区的著述已经多到数不胜数。不幸的是，

---

〔1〕　Richard Nisbett, The Geography of Thought: How Asians and Westerners Think Differently (Free Press, 2004), 3, Kindle edition.

〔2〕　Ibid., 1.

大部分——如果不是全部的话——著述在探讨东方崛起背后的东方文明根基时，都离题甚远。至今尚未出现在平等基础上，以紧扣主题的方式对东西方文明进行比较并进而为这一时代性变化提供解释的著作。

但是，除了少数例外，西方发表的大部分文章都基于"西方中心主义"视角，往往拿西方的"普遍性"与东方的"特殊性"来说长说短。同样，东方出版的大部分著述也是以西方范式为框架写出来的，或者作为对西方范式的反应，而采用纯粹的东方视角。无论在东方还是西方，我们都找不到以平衡视角来比较两大文明的著述。就笔者个人粗浅的了解而言，本书应该是用客观的、中立的、平衡的方式对两种文明进行比较研究的最初的尝试成果之一。

西方人相信自己的文明更优越，而且他们对文明持有一种线性进步的观念。这些观念使得西方人（或者东方人，因为他们现在生活在西方范式的压倒性影响之下）不大容易以平等的态度对待东方文明。同时，东方文明一些内在的语言和概念壁垒，也让人很难将其经典著作及其所表达的思想忠实地翻译出来，而这些著作往往又是用隐晦的、直觉性的、综合性和归纳性的风格写就（与西方张扬外显的、智识性的、分析性的和演绎性的风格形成对比）。

那么，克服这些双重障碍的最好方法是什么呢？答案或许就在于对比——对东西方文明进行系统的和全面的对比。在对比东西方文明时，我们必须抛弃试图辨识两种文明哪个更优越哪个更低劣的本能冲动。相反，我们应该平等地对待两种文明。

为什么是道家和犹太哲学？因为道家定义了东方文明中人与自然的关系，而犹太哲学则定义了西方文明中人与自然的关系。对东方的道家与西方一神教的比较研究将有助于达成本书的目的。这种考察显示，两种传统定义这一关系的方式正好相反：道家强调天人合一，而犹太教却通过"上帝"的概念而使人类凌驾于自然之上。人与自然之和谐，人与自然之冲突，二者之间的差别意味着什么？为什么东方有道，而西方有上帝？道和上帝有什么差别？这些差别如何反映在各自的文明之中？为什么人类拥有不同的文明？

关于本书中相关哲学术语翻译的说明

有一些东方概念并没有对应的西方术语。但是，若不指明东方文明中的这些关键元素就不可能比较东西方文明。主要包括下面这些术语：Tao（道）、yi（易）、yin-yang（阴阳）、wuwei（无为）、junzi（君子）、xiaoren（小人），li-ki（理-气）。在本书中，道、易、阴阳、理气将使用其在中文里的标记方式。另一方面，其他一些术语的使用也会尽量标识出其东方起源：wuwei将被写为意为自由放任的"laissez-faire（wuwei）"；junzi将被写为意为领袖的"leadership（junzi）"或者"leader（junzi）"；xiaoren将被写为意为追随者的"follower（xiaoren）"。[1]

----

〔1〕 Tao（道），yi（易），yin-yang（阴阳），wuwei（无为），junzi（君子），xiaoren（小人），and li-ki（理气）简要解释如下：

道：在人与自然的关系中，东方之道将人性置于自然的语境内。另一方面，

（接上页）上帝作为创造者创造了人和自然，并把人置于自然之上。为什么东方有道，西方有神？道和神有什么不同呢？四大特征将道家的自然哲学与犹太教的超自然宗教区分开来。不可言喻之道与人格化的可言喻之神，自然之道与表演奇迹的超自然的神，不可言喻之道和传递绝对真理的无误之神，否定性之道与肯定性的善恶之神。东方假定人虽然接受终极真理的不可言喻性，但必须尝试发现对日常生活而言具有实用性的相对真理。按照道家的根本教义，相对真理与特定环境相关。与西方绝对真理对于人类的可言喻性相反，东方相信此世的生活——人们能从中找到相对真理（其意义总是局限于特定的时间和空间里）。真理的本质和真理的显现，二者之间的差别——也就是，绝对真理和相对真理之间的差别——是微妙的，但却重要：绝对真理是强加在人类身上的，而人类所能够理解的却是相对真理。

易：最古老的中国著作《易经》中的宇宙概念。《易经》用"易"这个概念阐释了东方对宇宙和自然的理解。很重要的是，《易经》强化了伦理学在东方文明中的核心地位。《易经》对伦理学的强调是因为后来儒家学者将儒家哲学追溯性地纳入最初的《易经》即《周易》中。它在公元前四世纪的时候将评注《十翼》插入《周易》原文中。因而，最初本是探讨宇宙的《周易》演变成一本既探讨宇宙，又包含重点在于伦理和政治的哲学思想的综合性著作《易经》。因为儒家不喜欢所有形而上学的猜测，更喜欢尽可能地讲究实际和实用性，所以《十翼》并没有显示出任何形而上学的倾向。它们都是关于伦理和政治的自然哲学。

阴阳：阴阳互补哲学是理解东方建立在道家思想基础上的人与自然关系的关键，这与西方有神论的学说不同。汉语中的"阴阳"两字最初指的是大山的阳光一面（阳）和阴影一面（阴）。对这个原则的描述首次出现在公元前十四世纪的中国，是作为对宇宙前提的解释，一种没有求助于超自然神灵的解释。阴阳哲学在公元前4000年里进一步发展，事实上渗透到中国所有的思想流派，最重要的是道家。道家把阴阳互补原则描述为自然的基本特征。

无为，字面意思就是"无行动"，现有多种不同的翻译方式，包括非为（nonaction）、非为之为（action of nonaction）、不为（inaction）、无有为（without action）、无为之为（action without action）、不着意之为（effortless action）、柔性之为（soft action）、无形之为（invisible action）、自由放任（laissez-faire）、不到场之为（action by default）、不可言喻之为（ineffable action），等等。每个译文都只代表了无为的部分含义，没有一个抓住了它的全部意义。因此，我们也许不可避免地要使用"wuwei"（无为）这个词本身，而不是它的翻译来讨论相关问题，并在讨论哲学问题时恰当地与"nonaction"（非为）或"action by default"（不到场之为）配合使用；讨论自由市场和政治经济问题时，与"laissez-faire"（自由放任）配合使用；讨论

（接上页）国际政治问题时，与 "noninterventionism"（不干涉主义）配合使用。在本书中，"无为"的英译是 "laissez-faire"（wuwei）。被翻译成简单的 laissez-faire 的无为，实际上有着比西方的 laissez-faire（自由放任）更宽泛更丰富的隐含意义，因为前者除了政治和经济含义外，还带有伦理学、政治学的含义。为了与西方的 laissez-faire（自由放任）概念相区别，无为应该被表达为 "laissez-faire（wuwei）"。laissez-faire（wuwei）代表了东方道家的自由放任思想，而简单的 laissez-faire 只是西方概念。

君子与小人：君子（字面意思是高贵的人）和小人（字面意思是渺小的人）是理解东方文明的关键。在本书中，我们使用 "Leader"（领导者）或 "leadership"（领导力）来表示君子，用 "follower"（跟随者）表示小人。在实际的引用中，为了不丧失该词的东方源头，我们使用 "leadership（junzi）"或者 "leader（junzi）"指君子，用 "follower（xiaoren）"指小人。君子和小人构成东方文化中不可分割的一对概念，就像阴和阳一样。君子被翻译成多种形式，包括绅士、高级别的人、高尚的人、典范、王子、贵族、高贵的人（gentleman, superior man, higher man, exemplary man, prince, nobleman, and noble man）；小人也被翻译成多种形式，诸如无足轻重者、普通人、低级别的人、低贱者、平庸者、小气者等（small person, common man, inferior person, lower person, ordinary person, petty man）。因为它们在西方没有确切的对应词汇，所以很自然地找不到令人满意的西方词汇来翻译它们。所有通常的和传统的翻译都只集中在君子和小人这对概念的伦理学维度上，但是，因为整个东方哲学的焦点是集中在伦理学和政治学上，所以君子和小人概念在伦理学含义之外还有政治学的含义。虽然用 "noble man"（高贵的人）来翻译君子，用 "petty person"（小气者）来翻译小人，相对而言比较接近原意，但是它们仍未能抓住君子和小人这对概念的伦理和政治含义。从哲学角度看，君子和小人这对概念必然包含着领导者和跟随者这样的关系。

理气：理代表原则、本质、理性或心志；气代表力量、冲动、情感或者激情。在宋明理学中非常显著的理气形而上学旨在理解自然和人的基本方面。在宋明理学中，就人而言，理被等同于"四端"（仁、义、礼、智），而气被等同于"七情"（喜、怒、哀、惧、爱、恶、欲）。从表面上看，它们和西方的"七女神"（智慧、理解、商议、知识、坚韧、虔诚、敬畏上帝）或者"七美德"（谦逊、冷静、自律、贞洁、勤劳、宽容、慷慨）或者"七宗致命罪"（饕餮、贪婪、懒惰、淫欲、傲慢、嫉妒和暴怒）并非不相似。但是，它们之间存在根本性的区别，因为东方的理和气没有宗教内涵，因而比西方的这些概念更加接近于身心融合的互补性。

　　本书广泛使用了"可言喻性"和"不可言喻性"的概念，因为它们构成了东西方文明之间必不可少的对照。在文化和文明术语中，对不可言喻性之意义的最好描述就是《道德经》那句著名的开首语："道可道，非常道。"总体而言，东方文明认为绝对真理是不可言喻的。因此，东方人可以被认为是"不可言喻者"（ineffables）。另一方面，通过"启示"，上帝变成了对人而言可以言喻的存在。西方神学家、形而上学家和意识形态学者等主导西方思想体系的漫长家族谱系也都维持了对绝对真理的信仰。一般来说，西方文明认为绝对真理是可言喻的。因此，西方人可以被称为"可言喻者"（effables）。虽然不可言喻者和可言喻者在英语词源学上不被用作名词，但它们可以被当作名词来帮助区分东方人和西方人。

　　因为本书是比较两种文明，所以存在很多并列放置的引语：一个来自东方，一个来自西方。很多引语摘自经典著作，比如《圣经》《道德经》《论语》《荀子》《孟子》以及斯宾诺莎的《伦理学》等。这些书的名称和引语的确切位置都在引语的结尾处标出，而不另加脚注。在这些引语中，第一个数字表示章，第二个表示节。像《道德经》这样没有节的经典，这个数字就仅是指章。有些引语被引用不止一次，以用来强调其在不同背景下的重要意义。除了明确指出译者的情况以外，所有引用的东方经典都是笔者本人的英译。《圣经》中的引语全部引自《新美国标准圣经》。书中所有插图都选自公开出版物，可在维基百科中找到。

East and West:
Taoism Versus Judaism

第一章

东方之道与西方之神

东方文明中的道就相当于西方文明中的上帝。

道生成万事万物，德养育万事万物。万事万物虽现出各种各样的形态，环境使万事万物成长起来。故此，万事万物莫不尊崇道而珍贵德。（"道生之，德畜之，物形之，势成之。是以万物莫不尊道而贵德。"《道德经》第51章）

你岂不曾知道吗？你岂不曾听见吗？永在的神耶和华，创造地极的主，并不疲乏，也不困倦，他的智慧无法测度。[《以赛亚书》第40章第28节，简化字现代标点和合本（以下简称"和合本"）1140~1141页]

道家和犹太哲学分别为东西方提供了用以定义人与自然关系的参照点。因此，理解道和上帝是对比东西方文明的关键。在解释人与自然的关系时，道和上帝拥有一些共同的本质特征：它们是永恒的、万能的和无所不在的。但二者的相同之处也就仅止于此。道和上帝是两个非常不同的概念，各自的含义又极为复杂。首先，道是自然的，上帝则是超自然的。道是不可启示的和不可言喻的，而上帝则是可启示的和不会出错的。道与阴阳、易、无为等东方概念密切相关，而这些概念对于西方文明而言都是陌生的。另一方面，上帝与创造、神迹和人格化等概念有着内在的紧密联系，而这些概念在东方文明看来同样也都是陌生的。

为什么东方有道、西方有上帝？道和上帝怎么区分开来？终极而言，答案归结于这样一个显著特点：东方相信真理，但不认为它能够以语言或文字的形式为人所理解；而西方相信真理，并且进一步认为真理是能够被人所理解的，因为上帝启示真理。

道家是东方观点的体现，犹太教则是西方观点的体现。人能宣称自己知道或不知道真理吗？抑或人们应该相信真理是不可言喻的或可言喻的？这是东西方所有差异的根本源头。

1　《道德经》和《摩西五经》

儒家和基督教相对于其他文化因素都更能代表东方与西方文明。但是，真正的差别并不在于孔子和耶稣的伦理教导，因为它们几乎是相同的。真正的差别在于道家和犹太教所定义的人与自然关系的背景观念。因此，如果要理解东西方文明的根本差异，对比道与上帝就是至关重要的。

通过定义人与自然的关系，道在《道德经》中得到解释；上帝在《旧约全书》的前五部书《摩西五经》中得到解释。《道德经》和《摩西五经》通过定义人与自然的关系，而分别为东西方文明提供了宇宙论基础。除了《道德经》和老子（《道德经》的作者）之外，道家还把一系列重要的思想家及其著作包括在内，如庄子、列子和鹖冠子。同样，除了《摩西五经》里摩西的教导之外，《旧约全书》还把约书亚、以斯拉、以赛亚以及其他人的言说罗列其中等。但是，就其开创性而言，《道德经》和《摩西五经》出类拔萃。

道与《道德经》

当耶稣会传教士在十七十八世纪把儒家思想带回欧洲时，西方错过了早期学习道家思想的机会。到了十九世纪，西方人对自己的精神传统信心满满，抛弃了包括道家在内的一切被视为"非属灵的"东西。因此，在大多数西方人看来，《道德经》古老而神秘。

《道德经》是伟大的中国经典中最简洁的——总共只有五千字——也是被翻译成几乎所有欧洲语言的中国文献，毫无疑问这是因为它似乎同时最具启示性和最不具可译性（比如一语双关或别有所指），最为关键却也最令人困惑。它还包含了更为宝贵的信息，之所以称其"更为宝贵"，是因为它从未真正被我们欧洲人理解，因为我们怀疑它的内容或多或少有所遗失（所以我们现在被迫尽最大努力去阐释它）。[1]

从表面上看（Prima facie），该书只是一本把许多松散相连

---

[1] Francois Jullien, A Treatise on Efficacy between Western and Chinese Thinking (University of Hawaii Press, 2004), 84.

的、时有真知灼见显露其中的格言警句简单汇集在一起的小册子。但是，正如《道德经》本身再三证明的那样，外表是会骗人的。每个句子和每个段落都提供了结论，既无逻辑，也无解释。但是，整本书中存在着一个连贯的和一致的主题，那就是道的概念。该书谈论的是道和德。因为非常短小，所以使用"章"这个词来表示它的81个组成部分有些误导人。比如，最短的一章（第40章）只有两个句子："循环往复的运动变化，是道的运动，道的作用是微妙的、柔弱的。天下的万物产生于看得见的有形质，有形质又产生于不可见的无形质。"（"反者道之动，弱者道之用。天下万物生于有，有生于无。"《道德经》第40章）这看起来更像是隽语箴言。但是，它的每一章都能够被加以无限的注解和阐释。甚至每个词语——更不要说整部作品——的意义都让理解变得很不容易。这至少有两个原因。

首先是风格问题。《道德经》完全是由诗歌或者警句组成，这些在西方思想传统中往往被认为是诸多不具系统性的灵感。虽然西方传统中有很多警句性的或零碎性的著作，从包括《传道书》在内的《旧约全书》之智慧书，到伊拉斯谟（Erasmus）的《格言集》（the Adages）、拉罗什富科（La Rochefoucauld）的《箴言集》（Maximes）、施莱格尔（Schlegel）和诺瓦利斯（Novalis）的《断片》（the Fragments）、尼采的《箴言》（the Apothegms）等，但是，没有一本像《道德经》那样极其晦涩难解——至少最初是完全看不懂的。这种晦涩难解至少最初是源于本书的模糊性和不确定性，但是我们必须注意到中国文字作为书写手段的优势所在。与演绎性的、分析性的和辩证性的方式相反，作为象形文字的中国文字是归纳性的、综合性的和完整的，它能够以字母语言所不具备的优势来保存和传达意义，因为它更少受到时间变化的影响。

其次是东西方思想之间看似无法逾越的鸿沟，东方哲学排斥形而上学及其所有衍生结果，传统的西方思维则熟稔于神学、形而上学和意识形态等框架体系。因而，《道德经》很容易成为学界知识分子学习的对象，但是对普通大众却没有太大的吸引力。不可否认，2500 年前问世的《道德经》包含了某种程度的神秘主义，但同样真实的是，道拥有完全理性的基础——摆脱了任何宗教教条或迷信观念。《道德经》使用了警句格言性的、含混的、模糊的、神秘的表达，因为它们旨在传达智慧而非知识，而智慧很少是明确清晰的。因此，《道德经》的话语能够被多元化地解释，不仅不同的读者解释不同，而且同一个读者在不同时期也会有不同的解释。这使得用西方的逻辑性语言把它翻译出来时必然变得片面和不完整。

比如，对《道德经》里句子的翻译只能传达原文所包含的丰富、复杂含义的一小部分，这就是为什么这本极具争议的书的不同译本往往看起来是完全不同的文本。正如冯友兰所说，需要把所有已经翻译出来的文本和很多还没有翻译出来的文本结合起来，才能揭示《老子》和孔子《论语》原作的丰富性。[1]

---

〔1〕 Fritjof Capra, The Tao of Physics: An Exploration of the Parallels between Modern Physics and Eastern Mysticism (Shambhala, 2013), Kindle edition, Kindle locations 1584~1588. 冯友兰的引语选自其著作：Fung Yu-Lan, A Short History of Chinese Philosophy (New York: Macmillan, 1958), 14.

因此，表达《道德经》概念的最好方法是将其语境化。比如，就像本书所做的那样，尽可能结合西方文化中可能的对应说法来解释和转译《道德经》里的相关侧面。没有适当的语境化，对我们大部分人尤其是西方人来说，将很难领会《道德经》的真正含义和相关意义。

摩西和老子：见解和思想的集锦

虽然摩西被认为生活在公元前十三世纪，但是《摩西五经》被认为是在公元前五世纪由以斯拉编纂和整理。在摩西和以斯拉之间的八个世纪里，摩西的故事可能吸收了其他部落和地区的很多元素，比如创世论、洪水和出埃及等。如果人们接受这个理论，即犹太教圣经的前五部书［在希伯来语中也被称为《妥拉》(Torah)，在希腊语中被称为《摩西五经》(the Pentateuch)］是在摩西之后的若干世纪后才成书面世的，那么，我们就可以假定《道德经》和《摩西五经》几乎是在同一时期出现在人类历史上的，即大约公元前五世纪到公元前六世纪。

《道德经》被认为是单个人所作，即老子（字面意思就是年老的圣人）。有传说认为，老子得道之后骑着水牛离开这个世界，一个农夫看到他离去的场景。农夫求老子给这个世界留下点东西作为纪念，老子就留下了《道德经》。但是，专家们认为《道德经》就像《摩西五经》一样，更有可能是由多个世纪以来一代又一代持类似立场的很多思想家持续写作和重新改写，由此不断得到完善的产物。在此过程中，众多作者肯定扩大了讨论范围，增加了表达的复杂性，浓缩了内容，重新安排了结构，最后才形成公元前六世纪时以老子为名的明确的编排形式。在此背景下，道家的核心人物老子可以比作犹太教的摩西，虽然两人存在的时间相差近八个世纪。

《道德经》是非常短小的一本书，总共不足 5000 字，甚至比《摩西五经》的第一部《创世记》还要短小。但是，在涉及人与自然关系的所有根本性问题上，不论是其要点，还是其概念，《道德经》都能与《旧约全书》分庭抗礼。《道德经》的内容是简朴的、浓缩的、严厉的、格言性的，里面既没有讲述故事，也没有描述逸闻趣事，也没有解释。而《旧约全书》则充满了上帝的各种故事和详细的教令。因此，用否定性语言来描述的道拒绝清晰和明确的定义；用肯定性话语来描述的上帝则是清晰和明确的。《道德经》的风格是归纳性的、隐含性的和否定性的；《旧约全书》则是演绎性的、指示性的和肯定性的。

摩西（公元前十四世纪）

伦勃朗（Rembrandt）绘《摩西与十诫》

老子（公元前六世纪）
佚名画家绘《老子骑牛西出函谷关》

《摩西五经》清晰地、详细地阐述了上帝及其教令，所以我们都知道上帝这一概念意味着什么。上帝创造了宇宙和人类。上帝倾听人类的诉说，并干预人类事务。上帝帮助那些向他祈祷的人，而惩罚那些不祈祷的人。与上帝不同，道并不创造任何东西。道是自然的存在方式，或者毋宁说就是自然本身。

《道德经》和《摩西五经》的内容

虽然与《摩西五经》相比，《道德经》要短小得多，但它却不仅仅表述了人与自然的关系、宇宙论和人类的基本伦理，它还提供了与自由市场和民主等当今主导范式有关的开创性概念，包括政治经济学中的自由放任原则和政治伦理学中的民本原则，以及小政府、低税收、均贫富等主张。

　　《道德经》诞生于中国激烈动荡的春秋战国时期。随着众多诸侯国的出现，东方需要官僚体系下的政治经济学说和有关列国关系的政治理论。因此，虽然《道德经》主要是谈及人与自然的关系，但也涉及政治经济学领域和国与国关系领域，包括军事战略。

　　另一方面，《摩西五经》是在部落主义为主导秩序的时代编纂而成的，在当时的背景下，在面临众多外部威胁的情况下，部落的生存是绝对的优先事项。这就解释了为何《摩西五经》会非同寻常地集中于上帝的概念，以及它为何缺少政治经济学和国际关系方面的思想。

　　忠实于东方文明兼容并蓄的基本性质，不同学派在彼此分工成为专门的思想流派之前，都共享一个相同的宇宙论和思想体系 。比如，儒家负责政治伦理学，孙子的《孙子兵法》负责军事战略。但是，《道德经》则为儒家提供了宇宙论，其方式类似于为孙子的《孙子兵法》提供思想体系。[1]在这个意义上，《道德经》的讨论范围是所有东方经典中最全面的。因此，很难将道家定义为单一主题的哲学。正如传说的那样，孔子将老子比作本质无法定义的龙。（"鸟，吾知其能飞；鱼，吾知其能游；兽，吾知其能走。走者可以用网，游者可以为纶，飞者可以为矰。至于龙，吾不能知其乘风云而上天。吾今日见老子，其犹龙耶！"《史记·老子列传》；"孔子见老聃归，三日不谈。弟子

――――――――――――

　　[1]　老子、孔子和孙子被认为是同时代的人，都生活在公元前六世纪到公元前五世纪时。因此，他们的著作使用了同样的方法，也就是给出结论和格言警句，却没有详细的解释或者逸闻趣事来佐证。只是到了两个世纪后的孟子和庄子，人们才看到带有逸闻趣事和故事等注释的经典著作。

问曰：'夫子见老耽，亦将何归哉？'孔子曰：'吾乃今于是乎见龙。龙合而成体，散而成章，乘云气而养乎阴阳。予口张而不能嗋，予又何归老耽哉！'《庄子·天运》——译注）但是，道家的核心主题，其特点在于它在阐述人与自然的关系时所赋予人的角色。道，乃自然之道，因而必须成为人类——自然的一部分——的最终参照。

因此，虽然《道德经》的涵盖范围要比焦点仅限于上帝及其教令的《摩西五经》广泛得多，但我们仍然能够以最有意义的方式来比照东西方宇宙论里对不同角色的论述，即人与自然的关系。对《道德经》和《摩西五经》的比较，可以揭示出东方之"道"里所包含的，与西方之"上帝"形成鲜明对比的，令人耳目一新的宇宙论以及政治伦理学。

自然哲学与超自然宗教

道是不能祈祷或者寻求帮助的，因为道并不倾听人的声音，并不干预人类事务。道宣称其对人类命运漠不关心。那么，道到底是什么？上帝在《圣经》中得到详尽的显现；道则隐藏在薄薄的《道德经》中。从字面意思上说，道就是路（the way）。从哲学上说，它意味着自然之道或者自然本身。除此之外，道仍然难以把握。理解道的最好方式是将其与西方的对应物——神相比，这样道的隐含意义就显现出来了。

当崇尚自然的道家在东方还处于胚胎期时，多神教已经在西方和其他地区出现。埃及和巴比伦在公元前 2000 年的时候已经有了多神教，而米诺斯文明（the Minoans，由公元前 1450 年的克里特人奠基）似乎已经在崇拜多个女神。后来又发展出希腊—罗马多神教，其第一份文学证词由公元前九世纪到公元前八世纪的荷马提供。首个一神教出现在公元前十四世纪的埃及，在阿肯那顿法老（Pharaoh Akhenaten）统治期间，埃及人把太阳作为唯一的神——阿托恩（Aten）来崇拜。接下来是在公元前第二个千年末期（约指公元前 1100 年至公元前 1000 年时——译者注）形成的以色列宗教。接着是波斯的拜火教琐罗亚斯德教（Zoroastrianism），该教直至公元七世纪至公元前八世纪时仍很活跃。琐罗亚斯德教崇拜火，认为它是智慧之神阿胡拉·马兹达（Ahura Mazda）的象征。在西方影响最大的一神教是摩西教，即犹太教。[1]

　　东西方文明的最根本差别源于《道德经》和《摩西五经》中产生的真理。与后者不同，前者并没有声扬绝对真理。在此意义上，道家和儒家并不是宗教。它们最多可以被理解为思想流派，而非宗教、主义或意识形态。宗教或者意识形态将自己呈现为高于人类的真理，而思想流派的目的则是试探性地为人类服务。就像人们可以同时说法语、英语和其他许多语言一样，人们也能同时学习道家、儒家和佛家的教导。在东方人看来，

――――――――

　　〔1〕　弗洛伊德在其著作《摩西和一神教》中提出了将埃及法老奥克亨那坦（Akhenaten）和摩西联系起来的有趣理论，把犹太教一神教的源头追溯到埃及。如果这个理论可靠，那么，太阳既是西方一神教的基础，也是道家象征手法的基础。请参阅：Sigmund Freud, Moses and Monotheism, trans. Katherine Jones（New York：Knopf, 1939）。

包括宗教和意识形态在内的所有教导都应该是为人类服务的，而不是相反。东方人的"学派"（school）概念鼓励采取一种兼容并蓄、包罗万象的态度。而当人们试图从所有学派获取教益时，自然就会采取这种态度。因此，东方看重的是兼容并蓄和包罗万象的原则，而信仰一神教的西方则认为这是不纯粹的、令人怀疑的。

从东方视角看，东方的兼容并蓄是合乎理性的，反而是西方宗教充满了各种神秘主义、迷信和非理性的教条。而对于一个西方人来说，他的宗教和意识形态才是理性的，而有着怪异符号和文字的道家则是迷信的、非宗教的和非理性的。若要理解这两种文明，我们就必须缩小上述鸿沟。差异是范式意义上的：只要人们固执地坚持足以阻止自己跨越前述障碍的排他性思维框架，那就不可能同时接受两者。西方把焦点放在宗教和各种主义上，这种姿态是其中世纪神学、现代形而上学和各种意识形态的排他性特征的残余，人们总是被鼓励去信仰一种单一的思想，任何偏离都被视为异端，乃至可能遭受严厉的惩罚和迫害。

2　不可启示之道与可启示之神的人格化

犹太教和基督教也被称为"启示宗教"，因为是上帝向人类展示自己。西方之上帝向人类发话，并向人类展示自己或者自己的影迹；人们能够说"我与上帝交谈了"，或者"我看见了上帝或上帝的影迹了"。西方之上帝是启示性的。上帝之启示通过人格化的过程而发生：上帝像人一样言谈，并呈现人形。而另一方面，东方之道则是不可启示的。《道德经》的开头便是"道可道，非常道"。因此，在东方，人们可能会说"我理解了道"，或者"我明白了道的含义"，但是不能说"我与道交谈了"或者"我看见了道"。道拒绝人格化，端处于不可启示之领域的最深处。

道的不可启示性与上帝维持神秘性的企图

虽然启示构成了将上帝与道区分开来的第一个标志，但是《摩西五经》又显示出上帝竭力维持其不可启示性/神秘性的各种令人好奇的企图。最初，上帝拒绝了摩西给出定义的请求。当摩西询问上帝的名字时，上帝除了他的存在之外拒绝给出任何定义，只是说："我就是我。"在此意义上，摩西有关上帝的最初概念在其不可启示性方面是与道相似的。

道可道，非常道；名可名，非常名。（《道德经》第1章）

神对摩西说，"我是自有永有的。你要对以色列人这样说：'那自有的打发我到你们这里来。'"（《出埃及记》第3章第14节，和合本第87页）

上帝把自己称为耶和华（JEHOVAH，在希伯来语里意思是"我是自有的"或者"我将是自有的"）或者大名（the NAME）。道同样想要无名可称，故宣称自己无可称之名。

无头无绪、延绵不绝却又不可称名，一切运动都又回复到无形

无象的状态。（"绳绳兮不可名，复归于无物。"《道德经》第14章）

道幽隐而没有名称，无名无声。（"道隐无名。"《道德经》第41章）

我从前向亚伯拉罕、以撒、雅各显现为全能的神，至于我名耶和华，他们未曾知道。（《出埃及记》第6章第3节，和合本第91页）

那亵渎耶和华名的，必被治死，全会众总要用石头打死他。不管是寄居的，是本地人，他亵渎耶和华名的时候，必被治死。（《利未记》第24章第16节，和合本第192页）

上帝希望无名无形。于是，人们被禁止为上帝造像。道同样追求无形。

最方正的东西，反而没有棱角；最大的器皿，需要最长的时间来完成。最大的声响，反而听来无声无息；最大的形象，反而没有形状。（"大方无隅，大器晚成。大音希声，大象无形。"《道德经》第41章）

不可为自己雕刻偶像；也不可作什么形像仿佛上天、下地和地底下、水中的百物。（《出埃及记》第20章第4节，和合本第114页）[1]

---

[1]　也可参阅："所以你们要分外谨慎，因为耶和华在何烈山丛火中对你们说话的那日，你们没有看见什么形象。惟恐你们败坏自己，雕刻偶像，仿佛什么男像女像。"（《申命记》第4章15~16节，和合本276页）

西方之上帝竭力维持其不可启示性的这些企图一直处于那些自称主流者的边缘，因为西方宗教越来越多地立基于启示、具身化的逻各斯和人格化的演化（anthropomorphic transformation）。在希腊语中，anthropos 的意思是人（human being），morphe 的意思是形状（form）。上帝的这种人格化转变与一直维持着不可启示性的道形成鲜明对比。

这就是没有形状的形状，不见物体的形象，这就是"惚恍"。（"是谓无状之状，无物之象，是谓惚恍。"《道德经》第14章）

神晓谕摩西说，"我是耶和华。"（《出埃及记》第6章第2节，和合本第91页）

西方上帝的人格化演变

道宣称自己无声无形，但西方的上帝却像人一样说话，并显示他具有人形：上帝按照自己的形象创造了人。这与坚持认为自己不可见和无可形的道形成鲜明对比。

看它看不见，把它叫做"夷"；听它听不到，把它叫做"希"；摸它摸不到，把它叫做"微"。（"视之不见名曰夷，听之不闻名曰希，搏之不得名曰微。"《道德经》第14章）

起初，神创造天地……神说，"我们要照着我们的形像，按着我们的式样造人"……神就照着自己的形像造人。（《创世记》第1章第1节、第26节、第27节）

而且，最终在答应摩西的请求时，上帝与摩西交谈，并在西奈山对摩西显示了他自己的一部分。上帝用燃烧的手指在两块石板上刻写了十诫。西方的上帝继续经历人格化演变；他展示了数不清的奇迹，博取人们的祈祷和崇拜。为了用奇迹干预人类事务，神呈现出人的形像；他有像人一样的身体，有手和手指。展示奇迹之上帝必然经过人格化过程。上帝向摩西展示了他的背影。而道则宣称它根本就没有任何背影。

又说，"你不能看见我的面，因为人见我的面不能存活"。耶和华说，"看哪，在我这里有地方，你要站在磐石上，我的荣耀经过的时候，我必将你放在磐石穴中，用我的手遮掩你，等我过去；然后我要将我的手收回，你就得见我的背，却不得见我的面"。（《出埃及记》第 33 章第 20~23 节，和合本第 138 页）

迎着它，看不见它的前面，跟着它，也看不见它的后面。（"迎之不见其首，随之不见其后。"《道德经》第 14 章）

西方宗教认定，人是依据神的形象创造出来的。伪狄奥尼修（Pseudo-Dionysius，约公元 500 年）警告说不要用人的形象描述神或天使，因为这会诱导人类将两者混淆起来。东方人很容易赞同像科洛封的色诺芬（Xenophanes of Colophon，约公元前 500 年）这样前苏格拉底时代的哲学家，此人创作了许多有关人格化神的诗歌。他在其中一部著作中写道：

以索匹亚人说，他们的神是扁平鼻子和黑皮肤。色雷斯人说，他们的神是蓝眼睛和红头发。如果牛和马有手，且希望像人一样用手画画或者制作艺术品，那么，马将画出像马一样的神的形象，牛的神则像牛，将会按照自己的形象描述神的身形。[1]

东方与西方：本质与表象

虽然东方的道家承认存在永恒的原则——正如西方宗教所做的那样——但它一再警告不要将永恒原则的体现与永恒原则自身混为一谈。与东方立场相反，西方通过上帝的人格化过程积极追求其体现或者启示。这种行为的目的是让神站在自己的一边。

你不要害怕，因为我与你同在；不要惊惶，因为我是你的神。我必坚固你，我必帮助你，我必用我公义的右手扶持你。（《以赛亚书》第 41 章第 10 节，和合本第 1142 页）

我在急难中求告耶和华，他就应允我。（《诗篇》第 120 章第 1 节，和合本第 975 页）

因为相信神站在自己一边，西方人在其所作所为和所信所仰上抱有难以置信的强烈信念。对启示的信仰为西方人提供了能量和行动之源。而就像我们已看到的那样，道拒绝卷入人类事务。由于保持着不可启示性，道意味着给予人类平和宁静以及冷静的内在力量。与西方之上帝不同，道警告人们不要将本质与表象混淆起来。

---

[1] Rex Warner, The Greek Philosophers (New York: A Mentor Books, 1958), 24.

"无"可以用来表述天地混沌未开之际的状况；而"有"，则是宇宙万物产生之本原的命名。因此，要常从"无"中去观察领悟"道"的奥妙；要常从"有"中去观察体会"道"的端倪。（"无名天地之始，有名万物之母。故常无欲，以观其妙；常有欲，以观其徼。"《道德经》第 1 章）

在希腊哲学家中，巴门尼德（Parmenides）采取了一种不同的哲学立场。巴门尼德提出了区分意见之道（the way of opinion）和真理之道（the way of truth）的观点。真理之道是本质性的、永恒的和不变的，而意见之道则是表象性的、短暂的和虚假的。这与东方观念形成极端的对照，因为东方人认为绝对真理确实存在，但它并不能被人类表达出来。因此，不论是本质，还是表象，都对人类至关重要。但在巴门尼德看来，本质或者真理才是重要的，而意见或表象必须被当作虚假的东西而抛弃。

道家将道视为永恒的原则，并认为只有其外在表现才能够为人所理解，由此，道家阻滞了信仰上的绝对主义，如宗教教条、形而上学、意识形态、奇迹和迷信。这样的路径并不会要求人改变信仰或者采取积极行动。

相信神的启示与相信道的不可启示性造成了东西方最根本的差异之一。为什么道维持了其不可启示性，而上帝却不断给人启示呢？一个可能的解释是西方神学建立在信仰的基础之上。另一种可能的解释是东西方的背景差异。西方的扩张性物理环境使人们根本不可能维持上帝的不可测度的特征。在这一环境中，当人们冒险进入未知领域时，个人的信仰成为增强其信心的手段，并最终服务于自我保存（self-preservation）的目的。

我们不能设想任何先于保存自我的努力的德性。保存自我的努力即是事物自身的本质。因此假如我们能够设想一个先于自我保存的努力的德性，那么我们应当可以设想事物的本质先于事物的本身。这显然是不通的。[1]

由于环境差异，东方受到限制（being circumscribed），西方则是具有扩张性的（being expansive），东西方走向截然相反的方向。差异的核心是西方一神教的人格化发展。

3 自然之道与超自然之神的神迹

道规定天地不干预人类事务，因而没有神迹存在的空间。自然有其自身的方式：道。道代表自然，在本质上就是自然。（《道德经》第51章）而且，它显示出，人是自然的一部分。在东方，自然是最终的参照系，就像西方的上帝。因此，东方似乎没有创世者的空间，没有一个像上帝一样的超自然实体或者像神迹那样的超自然现象。

上帝：神迹、保护、牺牲、崇拜

与东方相反，神迹在西方宗教中扮演了关键的角色。西方

---

[1] 此句借自斯宾诺莎：《伦理学》，贺麟译，商务印书馆2014年版，第186~187页。——译注

文明就建基于人与自然互相分离这个命题之上，人与自然都是由超自然的存在——上帝创造出来的。这个观点在道家看来非常怪异。除了创造宇宙之外，上帝还表演神迹，而那是超自然的或者非自然的现象。因此，犹太教开始于用上帝的创造和神迹来证明上帝的全能。

> 摩西回答说，"他们必不信我，也不听我的话，必说：'耶和华并没有向你显现！'"耶和华对摩西说，"你手里是什么？"他说，"是杖。"耶和华说，"丢在地上。"他一丢下去就变作蛇，摩西便跑开。耶和华对摩西说，"伸出手来拿住它的尾巴，它必在你的手里仍变为杖。"（《出埃及记》第4章第1~4节，和合本第88页）

后来，应约书亚的请求，神让太阳停止移动，以便让以色列战胜敌方的军队。[1]

> 约书亚就祷告耶和华……"日头啊，你要停在基遍；月亮啊，你要止在亚雅仑谷。"……日头在天当中停住，不急速下落，约有一日之久。在这日以前、这日以后，耶和华听人的祷告。（《约书亚记》第10章第12~14节，和合本第345页）

表演神迹的超自然的神的概念在古代地中海世界非常普遍。虽然希腊—罗马文明在本质上是多神教的，但它们仍是以超自

---

[1] 启蒙运动时期的很多哲学家指出，约书亚应该请求让地球停止旋转，而不是让太阳停下来。

然的神的概念为中心而演化发展的。尤利乌斯·恺撒（Julius Caesar）宣称他是维纳斯的后裔，积极利用这些以达到其政治目的。亚历山大违背老师亚里士多德的建议，希望被尊敬为神。这成为两人之间隔阂的主要来源。当亚历山大征服了印度的一部分之后，他俘获了 10 个被称为天衣派（gymnosophists）的印度哲学家（意思是裸体哲学家，这是希腊人对某些古代印度思想家的称呼，这些思想家追求禁欲主义已经到了认为食物和衣服都会危害思想纯洁的地步）。亚历山大向他们每个人提出问题，包括人如何变成神的问题。

　　亚历山大提出的问题是："人如何变成神？"
　　印度天衣派修行者回答："通过做人做不到的事情。"[1]

　　在古代希腊罗马，神与人之间的距离并不是很大。许多人事实上被当作神。

　　因此，在恺撒死去之后，罗马元老院通常投票将皇帝奉为神明，条件是他曾取得成功而且受到敬仰；一个证人将宣誓他看见了死者的灵魂从火葬柴堆飞上天堂。[2]

　　为什么神迹在西方宗教中是必要的？上帝表演奇迹，是为

---

　　[1]　Plutarch, The Lives of the Noble Grecians and Romans, vol. 2（Random House），Kindle edition, Kindle locations 4220~4221. 其他有趣的问题和回答包括："生和死，哪个更强大？"回答："生，因为它支持了这么多疾病。"问："人活多久算好？"答："直到他觉得死比生好的时候。"
　　[2]　Paul Johnson, History of Christianity（Touchstone, 2012），Kindle edition, 6.

了干预人类事务。上帝展现神迹，或作为对他的选民的特殊恩赐，或作为对反对他或他的选民（his chosen people）的人的特殊惩罚。因此，奇迹就在展演奇迹的上帝与接受奇迹的人之间建立了某种誓约。这个誓约涉及上帝为选民提供保护或恩惠等补偿和选民奉献给上帝的牺牲或者崇拜。

耶和华说，"我要立约，要在百姓面前行奇妙的事，是在遍地万国中所未曾行的。"（《出埃及记》第 34 章第 10 节，和合本第 139 页）

你们的儿女问你们说，"行这礼是什么意思？"你们就说，"这是献给耶和华逾越节的祭。当以色列人在埃及的时候，他击杀埃及人，越过以色列人的房屋，救了我们各家。"于是，百姓低头下拜。（《出埃及记》第 12 章第 26~27 节，和合本第 101 页）

道：全能、无偿、无牺牲、无崇拜

与西方的上帝不同，东方之道并没有所谓的选民，也不为选民提供保护，也并不要求受众为其所提供的服务而作出牺牲或者崇拜。但与此同时，道宣称它在宇宙中是不可或缺的、崇高庄严的。

大道广泛流行，左右上下无所不到。万物依赖它生长而不推辞，完成了功业，办妥了事业，而不占有名誉。（"大道汜兮，其可左右。万物恃之而生而不辞，功成不名有。"《道德经》第 34 章）

道生成万事万物，德养育万事万物。万事万物虽现出各种各样的形态，环境使万事万物成长起来。故此，万事万物莫不尊崇道而珍视德。（"道生之，德畜之，物形之，势成之。是以万物莫不尊道而贵德。"《道德经》第51章）

道像上帝一样全能，不同之处在于道是自然的，而上帝是超自然的。

道之所以被尊崇，德之所以被珍视，就是由于道生长万物而不加以干涉，德畜养万物而不加以主宰，顺其自然。（"道之尊，德之贵，夫莫之命而常自然。"《道德经》第51章）

与西方之上帝不同，道并不展示奇迹，而是明确宣称天地之间存在一个不能被神力改变或干预的原则。

自古以来，人们所以把"道"看得这样宝贵，不正是由于求它庇护一定可以得到满足；犯了罪过，也可得到它的宽恕吗？就因为这个，天下人才如此珍视"道"。（"古之所以贵此道者何？不曰以求得，有罪以免邪？故为天下贵。"《道德经》第62章）

在东方思想家中，荀子（公元前298年~公元前238年）特别清晰地论述了"超自然"现象属于"迷信"。他通常被认为是儒家学者，但他关注的范围要比经典儒家广泛得多，因为他的思想还吸纳了明显的道家特征和法家因素。

古代解释经文的书上说："各种事物的怪现象，经书上不作解说。"没有用处的辩说，不是急需的明察，应该抛弃而不加研究。（"传曰：'万物之怪，书不说。'无用之辩，不急之察，弃而不治。"《荀子·天论》）

与亚历山大和恺撒所在的西方不同，东方很少有哪个领袖渴望成为神或者做常人做不到的事。相反，东方哲学警告这种尝试，将超自然行为或者现象视为迷信。但与此同时，作为现实主义者，荀子承认对于一国或者共同体领袖来说，迷信性的各种典礼仪式是有裨益的。

祭神求雨而得雨，为什么呢？回答说：这没有什么，即便不祭神求雨而照样下雨……所以君子把这些活动看作为一种文饰活动，但老百姓却把它们看得神乎其神。认为这是一种宣传形式，这是好事，但把它们看得神乎其神就不是件好事了。（"雩而雨，何也？曰：无何也，犹不雩而雨也……故君子以为文，而百姓以为神。以为文则吉，以为神则凶也。"《荀子·天论》）

"神有妒心"与"道无对手"

一旦上帝表演奇迹且由此被追随者认可，他就宣布他嫉妒他的选民所可能崇拜的其他神祇。因此，西方的上帝对其他神总是异常警惕。

不可敬拜别神，因为耶和华是忌邪的神，名为忌邪者。（《出埃及记》第34章第14节，和合本第34页）

上帝也向崇拜他的人承诺最慷慨的报酬，而对崇拜其他神的人施加最严厉的惩罚。

不可跪拜那些像，也不可侍奉它，因为我耶和华你的神，是忌邪的神。恨我的，我必追讨他的罪，自父及子，直到三四代；爱我，守我诫命的，我必向他们发慈爱，直到千代。（《出埃及记》第20章第5~6节，和合本第114页）

另一方面，正如道并不制造奇迹或者寻求成为信徒的追捧对象那样，道并不与其他神或者原则竞争。因此，与西方之上帝不同，东方之道能够宣称它没有对手。

因为他不与人民相争，所以天下没有人能和他相争。（"以其不争，故天下莫能与之争。"《道德经》第66章）

因为道不是非此即彼的，所以道既保护善人也保护不善的人。

"道"是荫庇万物之所，善良之人珍贵它，不善的人也要保持它。（"道者万物之奥，善人之宝，不善人之所保。"《道德经》第62章）

4　不可言喻之道与可言喻之神的真理

人格化的上帝表演奇迹以干预人类事务，表演奇迹的上帝将自己与不可言喻性原则隔离开来。因为绝对的上帝变得可言喻，他坚持其正确无误性。对道而言，真理保持不可言喻的状态，而对上帝来说，他所启示的真理变得绝对无误、一贯正确。

"道其不行矣夫"与"我就是道路"

不可言喻的东西既不能也不应该被口说言传，或者说它太过根本而无法被描述或表达出来。另一方面，绝对可靠一贯正确的东西不能被证明是虚假的或者是错误的。阅读《道德经》，人们一再遭遇表达那个真理或者道不可言喻的说法：

"道可道，非常道；名可名，非常名。"（《道德经》第 1 章）

"大道大概不能实行了啊！"（"子曰：道其不行矣夫。"《中庸》第 5 章）

道是全能的。道是不可能片刻背离的。可以背离的东西就不是道了。所以，君子在不被人看见和不被人听见的情况下也要戒惧、谨慎。（"天命之谓性；率性之谓道；修道之谓教。道也者，不可须臾离也；可离，非道也。是故君子戒慎乎其所不睹，恐惧乎其所不闻。"《中庸》第 1 章）

另一方面，如果我们阅读《旧约全书》，便会一再看到宣称上帝即真理、上帝之决断完美无缺、上帝之真理绝对无误的说法。因此，"我是自有的"上帝就变成了真理之上帝和正义之上帝。

他是磐石，他的作为完全，他所行的无不公平，是诚实无伪的神，又公义，又正直。（《申命记》第 32 章第 4 节，和合本

第 321 页）

耶和华必然等候，要施恩给你们；必然兴起，好怜悯你们。因为耶和华是公平的神。（《以赛亚书》第 30 章第 18 节，和合本第 1123 页）

耶稣说："我就是道路、真理、生命，若不籍着我，没有人能到父那里去。"（《约翰福音》第 14 章第 6 节，和合本第 192 页）

对于不可言喻之道，无名是开始；对于可言喻之上帝，命名是开始。

无名用来表示天地混沌未开的状况，有名是宇宙万物的起源。（"无名，万物之始也；有名，万物之母也。"《道德经》第 1 章）

太初有道（the Word），道（the Word）与神同在，道（the Word）就是神。（《约翰福音》第 1 章第 1 节，和合本第 161 页）

"非道弘人"与"神能弘人"

的确，西方思想与东方思想截然对立，前者认定上帝向人类启示真理，后者认为真理不可言喻。道家和儒家都特别强调真理不在人类可触及的范围之内。在西方，信仰上帝是最本原的要求。人将得到上帝的救赎和弘扬。另一方面，在东方，对人来说，最本原的要求是人们对道的理解，而不是道本身。因此，是人能弘道，而非道弘人。

你开广我心的时候，我就往你命令的道上直奔。（《诗篇》第 119 章第 32 节，和合本第 968 页）

子曰："人能弘道，非道弘人。"（《论语·卫灵公篇》）

在希腊思想家中，有一些人曾主张真理的不可言喻性，反对占支配地位的多神教的思想氛围。他们被称为怀疑论者（skeptics），因为他们怀疑体现在神的概念里的绝对真理的可靠性。希腊哲学家比如皮浪（Pyrrho，公元前 360 年~公元前 270 年）或者卡涅阿德斯（Carneades，公元前 214 年~公元前 129 年）是最重要的古代怀疑论思想家。他们或许很容易赞同道家的不可言喻性观点——"道可道，非常道"——因为他们认为不存在真理的标准。卡涅阿德斯具有特别重要的意义，因为他曾经担任后期柏拉图学园的领袖，但他与柏拉图不同，他并不相信可言喻性或者终极原因（final cause）学说。

为回应终极原因和"设计好的自然"（design in nature）学说，他指出那些给人类造成破坏和带来危险的东西、拥有理性之人所犯下的罪恶、人性的悲惨状况以及好人遭遇的不幸。他得出结论说，没有证据能够证明存在一位神圣的监临人世的天神。即使宇宙中万物浑然一体，秩序井然，但这或许只是自然而然的结果。没有证据显示这个世界不是自然力量运行的结果。[1]

---

〔1〕 Encyclopaedia Britannica, 11th ed., s. v. "Carneades" Kindle edition, Kindle locations 7867~7870.

东方虽然接受终极真理的不可言喻性，但也认为人们必须尝试去发现相对真理，以便服务于日常生活中的实用性目的。按照道家的基本理念，相对真理是对应于特定环境的。在此，人们再次能够在希腊哲学中找到非常类似的态度，包括卡涅阿德斯的观点，他否认绝对真理，但允许可能的真理。而这恰恰是道家的本质。

知识是不可能的，聪明人应该实行"悬搁判断"。他甚至不能确信他无法对任何事物感到确定无疑。理念或者观念从来不是真实的，只是有可能而已；尽管如此，仍然存在不同程度的可能性，并因此存在不同程度的信念以导向行动。[1]

卡涅阿德斯受到克利西波斯（Chrysippus（大约公元前 279 年~公元前 206 年）思想的影响，以至于他宣称"如果克利西波斯未曾来到这个世界生存，我也可能从未存在过"。[2]作为最重要的斯多葛派哲学家之一，克利西波斯认为自然本身就是上帝，而希腊众神则是同一个真实——上帝的诸多表现。就像道家哲人一样，他更进一步指出若没有恶，善就不可能存在。

克利西波斯和卡涅阿德斯被热爱上帝的希腊罗马人和基督教占主导地位的中世纪人当作无神论者。他们不可避免地在西方思想体系中处于边缘状态达将近两千年，直到理性时代（the Age of Reason）到来。直到启蒙时期，西方才对绝对真理和干预

---

〔1〕 Ibid., Kindle locations 7876~7879.

〔2〕 Diogenes Laertius, The Lives and Opinions of Eminent Philosophers（2012），Kindle edition, Kindle location 3060.

人类事务的上帝这一概念产生怀疑。在此意义上，可以说克利西波斯和卡涅阿德斯的怀疑论思想预告了西方现代思想的强劲发展。

不可言喻性与相对真理

虽然道宣称终极真理是不可言喻的，但它的确对真理的本质和真理的表现，或者说绝对真理和相对真理，进行了区分。"故常无欲，以观其妙，常有欲，以观其徼"（《道德经》第1章）。真理的本质（the essence of truth）和真理的表现（the manifestation of truth）——绝对真理和相对真理——之间的差别是微妙的，但却很重要：绝对真理是被强加在人类身上的，而相对真理则是人类（主动）去理解的。

"真理会让你自由"，不仅适用于东方，也适用于西方。但是，在这里，西方真理指的是强加在他人身上的绝对真理，而东方真理指的是相对真理，其有效性受到时间和空间的限制。因此，东方意义上的真理不可能强加在时空背景不同的其他人身上。相对真理不能被传授；它只能通过每个人不懈的学习和探究来理解。所以在此背景下，西方文明中天生存在着劝诱改宗的倾向，而东方文明则充满了自由放任的精神。

对有些人来说，道的本质和表现二者之间的区分似乎等同于柏拉图对真理（形式或理念）和意见的区分或者形式世界和物质世界的区分。但实际上，这些区分的目的恰好相反：柏拉图的区分旨在强调真理的重要性，真理构成了人类的终极目标；而道家的区分则是在警告人类不要徒劳无功地去追求最高真理或者傲慢荒谬地宣称掌握了真理。其差别可以总结如下：

柏拉图主义：人们能够而且必须找到真理；永远不要满足于意见或者真理之显现。

道家：尝试辨识那些宝贵的体现，即使它们并非永恒真理。因为道在本质上是不可知的，但可以通过其表现而被观察到。

爱因斯坦对相对真理（或真理之表现）发现和对绝对真理（或真理之本质）的追求恰好体现了蕴含于道家思想中的本质与表象或者绝对真理与相对真理之间的区分。

但是，爱因斯坦并不是真正的相对论者，虽然很多人这样认为，包括某些轻蔑中还掺杂着反犹主义情绪的人。在他的包括相对论在内的所有理论背后是对不变的本质、确定性和绝对性的追求。爱因斯坦感觉到，在宇宙法则背后存在着一种和谐的真理，科学的目标就是发现这个东西。[1]

在这方面，至少在初期，犹太教采取的态度更加接近于卡涅阿德斯而不是柏拉图。上帝最初对自我的描述是"我是自有的"，并一再警告不得制作他的画像，这些是具有深刻含义的。它可以被解释为一种拒绝对神进行定义之冲动的禁令。事实上，强调保持不可言喻状态是道家学说、犹太教与基督教思想以及希腊哲学的共同特点。我们可以看到，希腊思想家普罗提诺和

---

〔1〕　Walter Isaacson, Einstein: His Life and Universe（Simon & Schuster, 2007）, Kindle Edition, 3.

伪迪奥尼修斯表达了同样的观点，犹太人"无名的存在"（其字面意思是"没有尽头"），这个概念里也同样包含着这种倾向。保持不可言喻性的共同需要后来也反映在有关否定神学的西方文献中。

但是，从历史上看，西方神学已经明确无疑地采取了肯定神学的方法，放弃了最初发展一种否定神学的胆怯尝试。西方之上帝是光、精神、言说和真理。在这样的背景下，与柏拉图和亚里士多德的哲学唱对台戏的卡涅阿德斯的哲学在西方主流哲学中被彻底边缘化也就非常自然了。卡涅阿德斯被贴上激进的怀疑论者的标签。相反，东方之道仍然保持着否定性。重申一下，《道德经》的开头一句就是："道可道，非常道。"（《道德经》第1章）

可言喻的真理和一贯正确

上帝或道作为绝对的存在或者宇宙的原理肯定是不可言喻的和一贯正确的。这两个品质必定连在一起。道没有必要坚持绝对无误一贯正确，因为它强调不可言喻性。但是，当绝对原理开始人格化的瞬间，不可言语性就即刻受到了破坏。当上帝显现自我并变得人格化，拥有人的形象和制造奇迹以干预人类事务时，西方就不得不坚持上帝的一贯正确性，并推而广之，坚持《圣经》的绝对无误性。因此，这种人格化促使西方之上帝经历了从不可言喻性到一贯正确性的转变。

这种转变带来了强大的能量，但是，随之而来的是诸多难以解决的问题：宣称一贯正确性可能会产生强大的力量，但同时也会制造敌人和自相矛盾。不可言喻性所产生的问题虽然少些，但却没有那么强大。圣经故事中分别善恶树上的果实或许可以被解读为是对这一复杂状况的警告：上帝警告人类不要吃这棵树上的果实，因为一旦他们进入这个"可道"的真理领域（善与恶），他们就不得不离开那个"不可道"的天堂。

> 耶和华神吩咐他说，"园中各样树上的果子，你可以随意吃，只是分别善恶树上的果子，你不可吃，因为你吃的日子必定死"。（《创世记》第 2 章第 16~17 节，和合本第 3 页）
>
> 蛇对女人说，"你们不一定死，因为神知道，你们吃的日子眼睛就明亮了，你们便如神能知道善恶"。（《创世记》第 3 章第 4~5 节，和合本第 4 页）

上帝警告人类要慎于明是非知善恶，这类似于道告诫人们不要在善恶之间作出过于草率和明确的划分。在道家看来，只有圣人能够把握这个充满争议和问题的划分。而且，道警告了知识和绝对真理之幻觉所带来的危险。这里，我们再次看到上帝和道最初都是想要保持其"不可道"状态的。但是，在善恶知识问题上，神保持其否定性的最初尝试被证明是没有效果的，因为生活在扩张性环境中，需要强大的信念以支撑自身行动的人们忽略了神的禁令，偷吃了知识之果。另一方面，在总体的知识问题和具体的善恶问题上，东方始终追随着道的否定性禁令。道家并不承认好与坏或美与丑这样的二分法。

> 天下人都知道美之所以为美，那是由于有丑陋的存在。都

知道善之所以为善，那是因为有恶的存在。所以有和无互相转
化。（"天下皆知美之为美，斯恶已；皆知善之为善，斯不善已。
故有无相生……"《道德经》第 2 章）

应诺和呵斥，相距有多远？（"唯之与阿，相去几何？"《道
德经》第 20 章）

通过偷吃分别善恶树上的果子，西方人不可挽回地闯入了
善恶二分法的领域，打开了西方文明中很多二分法的防洪闸。

5　否定性之道与肯定性之神的善/恶

"*cataphatic*" 这个词最初源于一个意为"肯定的"（affirma-
tive）希腊词语，"*apophatic*" 这个词源则源于一个意为"否定
的"（negative）希腊词语。这两个词主要在西方神学中使用，
作为表达上帝这一观念的方式。肯定性方式是"神是什么"，而
否定性方式是"神不是什么"。否定性方式属于通过否定方法而
不是肯定性阐述所获得的有关上帝的知识。道一直保持其否定
性，因为它宣称绝对真理的本质是不可知的，道无法用任何属
性来描述。比如，"天地是无所谓仁慈的，它没有仁爱，对待万
事万物就像对待刍狗一样，任凭万物自生自灭。圣人也是没有仁
爱的，也同样像刍狗那样对待百姓，任凭人们自作自息"。（"天
地不仁，以万物为刍狗；圣人不仁，以百姓为刍狗。"《道德经》
第 5 章）

上帝的善/恶与道的善/不善

与道相反，当上帝一次次地显示自己的属性时——如"神是善良的""神是仁慈的"，他就变成肯定性的了。一旦亚当和夏娃迈出了偷吃分别善恶树果子的致命性一步，导致人类从否定性的天堂落入肯定性的真实世界，西方的上帝就拥有了若干关键属性，如善良、正义、光明、真理和生命。对于接受神迹的人类而言，上帝必须站在他们一边——站在善良一边反对邪恶，站在正义一边反对不公不义，站在光明一边反对黑暗，站在真理一边反对虚假，站在生命一边反对死亡。所有这些二分法中最关键的乃是善恶之对立。在东方，尤其是在《道德经》成型时，所使用的是善/不善这种区分，而不是善恶二分法。

因此，善与恶以及正义与不正义这些二元划分在犹太教与基督教中表现的十分显著，在西方文明中是最为根本性的。在东方，道并不宣称真理，因而并不承认善恶之间清晰和绝对的区分。善恶二分法在东方文明中并没有存在的空间；道家建议人类敏锐地超越这些区分。这种能力要求入木三分的辨别力——可以让人对世间人和事产生深刻理解和远见卓识的高超视野和智慧，而这种能力只有圣人才能获得。

祸哉！那些称恶为善、称善为恶，以暗为光、以光为暗，以苦为甜、以甜为苦的人。（《以赛亚书》第 5 章第 20 节，和合本第 1082 页）

聪明人不多说话，而到处说长论短的人就不是聪明人……收敛他们的光耀，混同他们的尘世，这就是深奥的玄同。达到"玄同"境界的人，已经超脱亲疏、利害、贵贱的世俗范围，所以就为天下人所尊重。（"知者不言，言者不知……和其光，同其尘，是谓玄同。故不可得而亲，不可得而疏；不可得而利，不可得而害；不可得而贵，不可得而贱，故为天下贵。"《道德经》第56章）

因为善恶区分源自上帝，所以在西方善恶区分拥有绝对的和宗教性的含义。而在东方，善/不善的区分避免了任何绝对主义或者宗教影响。在东方，因为道保持其不可言喻状态，善恶、是非、福祸、治乱等二分法被认为是人类所采取行动的结果，而非上天的安排。

社会的太平和动乱，是天决定的吗？回答说：日月星辰等天体运行和历法现象，这是禹和桀同有的自然条件，但是禹凭借这样的自然条件把国家治理得很好，桀却把国家搞乱了，所以太平和动乱不是天决定的。（"治乱，天邪？曰：日月星辰瑞历，是禹桀之所同也，禹以治，桀以乱；治乱非天也。"《荀子·天论》）

这个原则在两千年后西方的莎士比亚所作的如下表述中也有所体现：

要是我们受制于人，亲爱的勃鲁托斯，那错处并不在我们的命运，而在我们自己。[1]

"上帝的仁慈"与"道的不仁"

因为上帝惩罚邪恶和罪孽，所以西方人对他极为惧怕，乞求他的仁慈和关爱。因此，《旧约全书》也强调上帝是仁慈的。《圣经》在很多地方都谈及上帝的仁慈；《旧约全书》中有数不清的诗篇直接宣扬上帝对世人的仁慈。而道则宣称它超越了这个属性。

耶和华在他面前宣告说，"耶和华，耶和华，是有怜悯、有恩典的神，不轻易发怒，并有丰盛的慈爱和诚实。"（《出埃及记》第34章第6节，和合本第138页）

天地是无所谓仁慈的，它没有仁爱，对待万事万物就像对待刍狗一样，任凭万物自生自灭。圣人也是没有仁爱的，也同样像刍狗那样对待百姓，任凭人们自作自息。（"天地不仁，以万物为刍狗；圣人不仁，以百姓为刍狗。"《道德经》第5章）

因为上帝施行奖励和惩罚，所以西方人认为应该乞求上帝的怜悯。在东方，道则明确指出人的经历与遭遇取决于人自身而不是上天。

耶和华你神原是有怜悯的神，他总不撇下你，不灭绝你，

---

[1] William Shakespeare, Julius Caesar, act 1, scene 2, lines 140~141.

也不忘记他起誓与你列祖所立的约。(《申命记》第 4 章第 31
节，和合本第 277 页)

天不会配合那些厌恶寒冷的人就停止冬天的到来，地也不会
配合那些厌恶辽远的人就改变它的宽广。("天不为人之恶寒也辍
冬。地不为人之恶辽远也辍广。"《荀子·天论》)

在东方，善恶之分（以及随之而来的奖惩）被认为是人的
构建，因而只与人有关。

那么，道对人们意味着什么呢？人们想要求福的话，就应
该遵循道的要求。否则，如果打算取祸，那就违背道吧。[1]祸
福、是非、善恶取决于人而不是上帝，人们被建议从长远角度仔
细考虑，审慎处理。

灾祸啊，幸福依傍在它的里面；幸福啊，灾祸藏伏在它的
里面。谁能知道究竟是灾祸还是幸福呢？它们并没有确定的标
准。正忽然转变为邪的，善忽然转变为恶的，人们的迷惑，由
来已久了。("祸兮福之所倚，福兮祸之所伏。孰知其极？其无
正？正复为奇，善复为妖，人之迷，其日固久。"《道德经》第
58 章)

---

〔1〕 在东方，善/不善的概念扮演了与西方善恶概念相同的角色。伯特兰·罗
素发现，在东方文明中，善/不善的概念被广泛使用。他写到，如果人类使用善/不
善的概念而不是善恶概念，世界将变成一个更加平静祥和的地方以供居住。与上帝
不同，道只是简单地认为遵循道的人有福，违背道的人有祸。因此，在东方，祸福
扮演了西方奖励和惩罚的角色。

神的奖/惩与道的无所不包

在西方，上帝站在善的一边反对恶，善恶之分必然意味着奖励与惩罚。因此，那些追随上帝的人就是正义的、得奖励的，那些不追随上帝的人就是不正义的、受惩罚的。东方并不相信奖励和惩罚，因为上天的运行有其自身的规律，并不会为了人类而改变。

我必因邪恶刑罚世界，因罪孽刑罚恶人。（《以赛亚书》第13章第11节，和合本第1095页）[1]

自然的规律是让万事万物都得到好处，而不伤害它们。（"天之道，利而不害。"《道德经》第81章）

上天的运行有一定的规律，不会因为圣君尧就存在，也不会因为暴君桀就灭亡了。（"天行有常，不为尧存，不为桀亡。"《荀子·天论》）

与惩罚不公和邪恶的西方之上帝相反，东方之道宣称，自然或者道并不关心善恶之分、正义和不正义之分、奖励与惩罚之分的问题。由此而言，道的立场可以总结如下：如果道是正义，不正义属于谁？如果道是善，恶属于谁？道是无所不包的。

---

〔1〕 也可参阅："耶和华见人在地上罪恶很大，终日所思想的尽都是恶，耶和华就后悔造人在地上，心中忧伤。"（《创世记》第6章第5~7节，和合本第8页）

恶人虽然连手，必不免受罚，义人的后裔，必得拯救。（《箴言》第 11 章第 21 节，和合本第 1015 节）

"道"是荫庇万物之所，善良之人珍贵它，不善的人也要保持它……不善的人怎能舍弃它呢？（"道者万物之奥，善人之宝，不善人之所保……人之不善，何弃之有!"《道德经》第 62 章）

因为上帝被认为是善的、正义的，西方人便不可能摆脱恶和不正义的问题。正因为犹太教与基督教的上帝被宣称是正义之神，西方人才花费很多的时间和精力试图解决不正义和恶等难题。如果上帝是善良的，那恶到底来自何处？上帝能够同时做到公正和仁慈吗？

耶和华啊，我与你争辩的时候，你显为义。但有一件，我还要与你理论：恶人的道路为何亨通呢？大行诡诈的为何得安逸呢？（《耶利米书》第 12 章第 1 节，和合本第 1219 页）

这样的问题出现在西方，因为按照《圣经》和希腊罗马多神教的传统，神被宣称是善良和正义之神。在东方，这样的问题并不存在，因为道宣称它无所不包，超越善与恶、是与非。

但是，在人类社会，那些区分对于实用目的来说是必要的。东方是如何解决这个问题的呢？它使用喜欢/不喜欢或者善/不善之类的概念，而不是善/恶或者正义/不正义等概念。在东方人眼中，它归结于这样一点：人们所说的善或者正义是他们喜欢的东西，所说的恶或不正义是他们不喜欢的东西。

人生：痛苦的劳作与乐在其中

对于上帝创造的世界里的善/恶和正义/不正义二分法的怀疑不仅仅存在于犹太教与基督教。希腊罗马文化也表达了自己的困惑：一个善良和正义的神怎么能允许恶和不正义赢得胜利呢？

西方文化中的善恶二分法是上帝为什么让人类过一种充满痛苦劳作的生活的原因所在。希腊早期哲学家和诗人赫西俄德（Hesiod，公元前 750 年~公元前 650 年）——与荷马同时代，就是最初思考人类劳作、奖励与惩罚以及善恶二分法之源的西方思想家之一。

与赫西俄德的代表作《工作与时日》有关的潘多拉盒子的故事，类似于《摩西五经》中夏娃偷吃禁果的故事。它们大致处于同一时期；女性被描述为是男人辛苦劳作的首要源头；希腊诸神"在潘多拉魔盒中装满了谎言、巧语和诡行"，[1]而夏娃则受到蛇的引诱，撺掇亚当犯下致命的错误；厄毗米修斯（Epimetheus）无视其聪明的哥哥普罗米修斯（Prometheus）的警告，亚当同样也没有遵守上帝的警告。因而，人类丧失天堂而被诅咒终生劳作是人类的自作自受。"人将永远不能摆脱劳作和痛苦。"[2]

东方概念则与其截然相反。在东方文明中，人类被倡导将

---

〔1〕　Hesiod, Delphi Complete Works of Hesiod（Illustrated）, bk. 14 of Delphi Ancient Classics（Delphi Classics：2013）, Kindle edition, Kindle locations 564~565.

〔2〕　Ibid, 564~565.

这个世界的农田劳作、工作、学习和训练视为快乐而不是对人生的惩罚。

使人民吃得香甜、穿得漂亮、住得安适、过得快乐。（"甘其食，美其服，安其居，乐其俗。"《道德经》第 80 章）

学习，并按时练习不是令人快乐吗？有志同道合的朋友从远方前来，不是令人喜悦吗？（"学而时习之，不亦说乎？有朋自远方来，不亦乐乎？"《论语·学而篇》）

赫西俄德／伊壁鸠鲁的罪恶悖论

在解释人类是如何丧失天堂之后，赫西俄德继续哀叹善良和正义之神如何允许邪恶和不正义盛行于世。

信守诺言的人，追求正义的人，或善良的人并不会得到好处；相反，人们称赞恶人及其恶行。强权就是公理，敬畏不复存在；恶人伤害君子，诬陷诽谤、诅咒谩骂……凡夫俗子只剩下悲伤和痛苦，没有人来帮助人们战胜邪恶。[1]

这种冲突和争夺是人类生活的全部。陶工相互感到愤怒，匠人相互争斗，乞丐相互嫉妒，艺人相互瞧不起。[2]

与赫西俄德一样，另一个著名的希腊思想家伊壁鸠鲁（Epicurus）也看到善良正义之神与邪恶并存的矛盾。像道家一样，

---

〔1〕 Ibid., Kindle locations 608~618.

〔2〕 Ibid., Kindle locations 541~542.

伊壁鸠鲁相信，无论什么神都不会干预人类事务。他质疑人为什么要害怕神。

不要害怕诸神。神是永恒的、幸福的存在。这是众所周知的，但是，除了与永恒幸福之存在相符相称的属性之外，不要相信其他任何有关神圣本性的东西。诸神确实存在，因为我们已经事先设想了有关他们的观念。但他们并不是很多人描述的那个样子。大部分人用虚假的信念装饰他们有关神的观念。他们相信神能施行奖励和惩罚，正是因为他们自身赞扬那些与他们志同道合的人，而谴责那些与他们离心离德的人。拒绝那些广泛流传的迷思并不会让人变得不虔诚；而称颂它们反而是不虔诚的表现。[1]

伊壁鸠鲁悖论或者"伊壁鸠鲁难题"（the Riddle of Epicurus）的核心问题就是善良的全能的神为何允许恶的存在。伊壁鸠鲁是详细论述善恶二分法问题的最初的西方思想家之一。伊壁鸠鲁本人并没有直接将其悖论或难题形成文字流传后世。早期基督教思想家拉克坦提乌斯（Lactantius，公元前325年~公元前250年）介绍了伊壁鸠鲁这一思想。

他（伊壁鸠鲁）说，上帝要么希望消除罪恶却无能为力；要么能够消除罪恶却无此意愿；要么他既无意愿亦无能力；要么他既有意愿又有能力。如果他有此意愿却无能为力，则说明

---

[1] Diogenes Laertius, The Lives and Opinions of Eminent Philosophers, Kindle locations 7031~7035.

他虚弱无力，而这与上帝的属性不符；如果他有此能力却无此意愿，说明他是多妒的，这同样与上帝格格不入；如果他既无此意愿又无此能力，说明他既多妒又虚弱无力，因而根本不配为上帝；如果他既有此意愿又有此能力——这倒充分符合上帝之属性——那么，邪恶来自何处？或者上帝为何不消除它们？[1]

因为东方处理善恶问题的方式与西方不同，它处理奖励惩罚问题的方式也与西方相异。与上帝不同，道宣称它并不向人施加奖励或惩罚，（只是）认为那些遵循道的人将多福多幸，违背道的人将多祸多患。在东方，祸福发挥了类似西方奖励和惩罚的作用。在祸福之间，并没有神祇干预的空间。

随着后来基督教和《新约全书》的横空出世，西方宇宙论在现有的犹太元素——奇迹、善恶、奖惩——之外又添加了三个新的元素，即世界末日概念（末世论 eschatology）、最后的审判和天堂与地狱。与此同时，由于佛教的传入，东方宇宙论则添加了某些形而上学的元素和解释。但是，东方的确保持了它早先已经由无为（自由放任）、易（转化）和阴阳（互补性）等根本性观念所设定的基本框架。

〔1〕 Rev. Alexander Roberts and James Donaldson, eds., "On the Anger of God," chap. 13 in The Works of Lactantius, vol. 22 in Translations of the Writings of the Fathers down to A. D. 325 (Edinburgh: T. & T. Clark, 1871), 28.

第二章

非存在、存在和生成

在西方思想体系中，非存在（nonbeing）意味着纯粹的虚空，从中不会产生任何有用的或有意义的东西。创造（creating）或存在（being）是所有有用有意义之物的初始。相反，在东方思想体系中，非存在（无极）是存在的源头，因而也是有效性（effectiveness）取之不尽、用之不竭的来源。这个概念是非本体论的，而西方需要习惯于这样的观点。[1]需要强调的重点是，在东方，通过生生不息的转化（transformation）过程，存在生成于非存在，而所有存在又归于非存在，因此东方强调的非存在（无极）是一种"生成"（becoming）哲学。在此意义上，道家的生成式宇宙论不同于体现在佛教涅槃（nirvana，意为毁灭）概念中的非存在宇宙论。

东方文明没有西方在《摩西五经》中所详尽阐述的那种戏剧性的宇宙发生论。但是，它发展出了一套合理的、自然的宇宙论，包含了有关宇宙、自然和人类如何生成及如何运行的诸多可信观念。无为（自由放任）、易（转化）和阴阳（互补性）等是东方宇宙论的核心概念。

---

[1] Ibid., 113.

1 东方之生成与西方之存在

在宗教的影响下，西方的宗教性宇宙论一直持续到十九世纪。西方宇宙论认为，作为超自然存在的上帝从虚无的黑暗和混沌中创造了自然和人类。于是，存在——或者说创造，与非存在或混乱无序相反——就在西方文明中具有了最基础的重要性。另一方面，《道德经》和《易经》中描述的东方宇宙论则认为无极（nonbeing）比太极（being）更为根本。东方声称宇宙论源于它对无极的强调，这与西方强调存在（being）恰好相反。这些对立的宇宙论，即东方无极与西方存在，决定了东西方文明的不同走向。

无极与存在

极（極）的字面意思是"栋梁"（ridgepole）。在东方，很多建筑都是用木头建造起来的，因为东方不像西方那样能够轻易获取石块和沙岩。在木头房子里，栋梁的置放是房屋建筑的核心。木头结构里的栋梁在很多方面类似于西方大部分教堂、教会和其他建筑等石头结构中的基石。因此，栋梁和基石分别构成东西方房屋和建筑的核心元素。在置放栋梁之前，房屋是空的，就像无极（没有栋梁）。一旦上梁，房屋就有了太极（最初的栋梁）。安装了太极之后，房屋就被赋予了对立的阴阳指称，用来指示房屋中的一切。这类似于这样一个观点，即一条线在任何时空维度里，通过确定上下、左右、前后和过去未来等，来创造两个实体。

有了本身代表"一"（oneness）的这条线，这个世界就出现了二重性，因为这条线同时确定了上和下、左和右、前和后，一言以蔽之，它创造了由对立面组成的世界。[1]

东方宇宙论是一种结合了《易经》转化哲学、阴阳互补哲学和道家无为哲学的集成系统。我们无须过多强调其本体论或认识论意义。因为本体论和认识论只是伴随"存在"这一概念而发展起来的，所以它们是西方哲学的特有之物。寻找东方形而上学的本体论和认识论分支将是徒劳无功的。

相反，让我们将注意力转向东方宇宙论之完全自然的特征上，因为我们的目的就是理解人与自然的关系。为此目的，我们应该对比观照东方文化的自然基础与西方宇宙论和宗教的超自然属性。

就宇宙论而言，东方强调无极与西方强调存在形成了最根本的对比。

深知什么是明亮，却安于暗昧的地位，甘愿做天下的模式。甘愿做天下的模式，永恒的德行不相差失，恢复到不可穷极的真理。（"知其白，守其黑，为天下式。为天下式，常德不忒，复归于无极。"《道德经》第 28 章）

---

[1]　Richard Wilhelm, "Introduction," in The I Ching or Book of Changes, Bollingen Series（General）（Princeton University Press, 2011）, Kindle edition, 14.

起初神创造天地。地是空虚混沌，渊面黑暗；神的灵运行在水面上。神说："要有光"，就有了光。（《创世记》第 1 章第 1~3 节，和合本第 1 页）

人们可以在赫西俄德的著作和"创世记"中的西方混沌理论中找到类似概念。基督教宣称神的创造（the Creation）是无中生有（ex nihilo），"地是空虚混沌，渊面黑暗"（"创世记"第 1 章第 1 节）。这里我们可以看到东西方宇宙论的类似结构。在西方，黑暗先于光明，虚无先于创造；在东方，无（nonbeing）先于有（being），无极先于太极。

但是，在（最初的）这个类似结构之后，东西方便分道扬镳了。东方强调无极和虚无，西方强调存在和创造。这种强调的差别表现在两个文明对宇宙构成的不同描述上。东方把它描述为无极与太极，或者阴/不可言喻的与阳/可言喻的。西方则把它描述为黑暗与光明，或者混乱与创造的对立。因此，在西方，混乱和黑暗被描述为带有否定含义的东西，与接下来的创造、光明或者言语等带有肯定含义的东西互相对立。

太初有道，道与神同在，道就是神。（《约翰福音》第 1 章第 1 节，和合本第 161 页）

在东方，无极被视为比太极更根本的东西，秩序和言语被认为并不比无序和无言更好。

天下的万物产生于看得见的有形质，有形质又产生于不可见

的无形质。（"天下万物生于有，有生于无。"《道德经》第40章)

生成：存在与非存在（或太极与无极）的关系

东方的生成概念反映在存在与无极的关系上。

循环往复的运动变化，是道的运动。（"反者，道之动。"《道德经》第40章）

万法归宗的模式或者生成的行为是依靠转化（易）和互补（阴阳）来解释的。易是中国最古老的书籍——《易经》的核心主题。专家认为，就像《道德经》和《摩西五经》一样，《易经》也是由几百年间诸多类似观念积累而成，而非单个人或单个群体的作品。《易经》的转化哲学非常类似于爱菲斯城邦（古希腊小亚细亚西岸一个重要的贸易城市——译注）的赫拉克利特（Heraclitus of Ephesus, 公元前五世纪）提出的流动理论。虽然宇宙及其一切皆处在不停的运动中，但它未必是走向完美。并不令人吃惊的是，赫拉克利特也指出了对立面的统一，这正是阴阳哲学的一个根本法则，它构成了道家和《易经》的主要支柱之一。因此，易、阴阳和道相互联系在一起。

虽然阴阳这对术语是在公元前2000年的末期被创造并传播开来的，但是其诞生可以追溯到更早的时候，即传说中《易经》的起源——据说是由公元前3000年的一个圣人创造的。在随后的两千年里，《易经》所使用的基本元素并不是阴阳，而是用实线（—）和虚线（− −）表示的刚—柔概念。到了公元前1000

年前后，阴阳才被纳入该书，彼时阴阳这对术语开始被广泛使用。它们非常完美地与刚柔这对术语相容相兼，刚等同于阳，柔等同于阴。

在后来的演变过程中，出现了微妙但有趣的顺序变化：《易经》将刚放在柔前，但道家却将阴放在阳前。这个转变反映了东方在公元前 1000 年到公元元年之间的千年中所发生的范式变化，即从"法律和强力"转向"伦理"。在公元前 500 年前后，《易经》发生了从占卜文献到系统性哲学的转变，被加上很多评注，包括著名的《十翼》。

由此，《易经》强化了伦理在东方文明中的核心地位。但有意思的是，《易经》中对伦理的强调要归功于儒家学者反溯性地将儒家哲学纳入原始《易经》即《周易》里的行为。把评注《十翼》插入《周易》原文大约开始于公元前四世纪时。因此，主要阐释宇宙论的《周易》变成了综合宇宙论和哲学的——重视伦理与政治——《易经》。由于孔子不喜欢任何形而上的猜测，且尽可能地重视现实、实用的事物，所以《十翼》没有任何形而上的倾向，全部是有关伦理和政治的自然哲学。

道家最初使用的是《易经》中刚柔这对术语，而不是阴阳。只是到了公元 1000 年时，由于形而上的佛教的到来，道家才开始吸纳现在那些标签及其宇宙论。交汇融合了的东方宇宙论认为，有一个终极的存在或太极，而在它之前则有一个终极的非存在或无极。

在大约十五世纪的时候，道家开始使用太极图作为道家的标志。[1]空空的圆圈代表无极，里面要被填充上太极。这个太极由阴阳两部分构成，阴阳则因其变动不居而可以相互转化，阴和阳相生相成。

这个符号，虽然是在公元前六世纪《道德经》面世两千多年之后才被采用的，但它抓住了道家经典中解释的道家宇宙论的本质。道被解释为无极。无极生太极，太极生两仪（阴阳），两仪生四象，四象生八卦，八卦则生万物，即自然的和人类的一切。

道是独一无二的，道本身包含阴阳二气，阴阳二气相交而形成一种适匀的状态，万物在这种状态中产生。万物背阴而向阳，并且在阴阳二气的互相激荡中形成新的和谐体。（"道生一，一生二，二生三，三生万物。万物负阴而抱阳，冲气以为和。"《道德经》第42章）

功能性的东方与本体论的西方

道家的无极是一个有关功能而非本体的概念。正如人们所能想象的那样，东方的无极在从无极到太极的转变中并没有神秘的或者形而上的含义；它在本质上纯粹是功能性的。因为道家在《易经》中纳入转化哲学，所以无极亦是转化的一部分，而不是静止不动的。因此，道家的无极更多地被理解为"生成"。万事万物都源于无极，正如人们能看到所有形式形象和所有方向维度的出现。在那个意义上，东方的无极是积极的、有

---

[1]　这种借用据说发生在明朝时期（公元1368~1644年）。

力的，与西方之否定性的、无力的非存在形成对比。

老子的"无"——"有"及其相应的功能的对立面——被吸纳进来，变成无差别无分化的东西；"有"产生于那个"无"，并变得富有成效。所以这个"无"并不是"非存在"，而是万物的无形背景——就像人们说到绘画的背景或沉默的背景那样；那一背景构成了声音从中产生并能够回响的"藏库"（stock），也构成了笔触从中产生并游走写画的"藏库"。[1]

同样，道家认为言语和行动更多的是贪婪而非利他主义的表现，因而是混乱之源而非秩序之源。为了和平与和谐，人类应该牢记言语之前那种状态的好处——非存在状态或虚无状态。

知者不言，言者不知。（《道德经》第56章）

再一次强调，这里并不涉及道德或者伦理；它纯粹是功能性或者实用性的讨论。典范或者制度不是《道德经》的兴趣所在。纯粹的功用（或效用）和功能性实用主义才是关键。

这种虚空不是精神上的，也不是物质上的。不是指身体的物质性，也不是指灵魂的形而上性；其逻辑是功能性的。[2]

在东方转化论的世界——回避包括本体论和认识论在内的所有形而上学倾向，这一文化推崇切实可行，没有理论的或意

---

〔1〕 Jullien, A Treatise on Efficacy between Western and Chinese Thinking, 110.

〔2〕 Ibid., 112.

识形态的或道德价值的纠缠。

在中国，"实用理性"体现在（人们会）努力适应在现实中起作用的习性，以便借它之力前行或者被它利用。最初并不涉及善恶之间的选择，因为两者的地位都是本体论的。事情很简单，要么"跟随"习性并从中获益，要么"违背它"而遭到毁灭。[1]

在西方，道德规范和制度价值举足轻重；在东方，纯粹的、效用性的功能是主要问题。西方强调"非对即错"这种路径——基于灵魂、心灵、理性、民主、人权和法治等"价值"。"非对即错"为人群、部落和国家赋能授权，促使他们做"对"的事情，而他们所决定做的事情便变成了"绝对的"，因为它不允许其他任何可能性。在西方，这些价值便具有了本体论的意义，而不再具有可转换性或不再是功能性的。另一方面，东方强调自我保存这一永恒原则。东方在其所追求的"利益"之上确实需要一种"理由"来说明它的各种行动。但"理由"并不像西方那样具有本体论价值，而总是服从于真实利益。东方看重它所采取的措施的效用，而把"非对即错"的价值和方式视为人类构建的产物——最终仍会回到自我保存的永恒原则上面。从东方的视角来看，道德规范和制度价值都是功能性的，均服务于自我保存这一永恒原则。

---

〔1〕 Ibid., 263.

我们把有利于或者有害于自我保存——换言之，可以增加或减少，辅助或限制我们的行动力量——的东西称为善或者恶。[1]

与基于存在的西方文明相比，基于无极的东方文明呈现出完全不同的视景——无论是人在宇宙中的位置，还是由此产生的人与世界的互动方式都大相径庭。

但是，在这里我们似乎能够感受到一种参与世界的全新视野：即使它与我们所宣称的诸多理论假设不相投合，但它至少能为我们提供超越那些假设之局限性的机会，走到那些假设之外，重新思考它们，并发现不同的"功用"源泉。[2]

因此，从哲学上说，对于东方的人而言，终极参照点肯定是缺乏行动（lack of action），而不是行动。道家将这种"无行动"原则发展成以自由放任（无为）为名的哲学体系。

以无为的态度去有所作为，以不滋事的方法去处理事物，以恬淡无味当作有味。（"为无为，事无事，味无味。"《道德经》第 63 章）

同理，人们理解为什么道必须保持无名。

"无"可以用来表述天地混沌未开之际的状况；而"有"，

---

[1]　Benedict de Spinoza, Ethics（New York：Penguin Books, 1996），120.

[2]　Jullien, A Treatise on Efficacy between Western and Chinese Thinking, 7, preface.

则是宇宙万物产生之本原的命名。（"无名天地之始，有名万物之母。"《道德经》第1章）

不可言喻性：道家与《传道书》

令人吃惊的是，看重存在、行动和言语的犹太教并没有彻底拒绝非存在、无行动和无言语的重要性。它在《传道书》（Kohelet，所罗门王的教导）中承认存在、行动和言语的徒劳无益。其口吻和表达非常类似于道家的教导。二者对不可言喻性的认知有着令人惊讶的相似性。

因为多有智慧，就多有愁烦；加增知识的，就加增忧伤。（《传道书》第1章第18节，和合本第1049页）

传道者说：虚空的虚空，虚空的虚空，凡事都是虚空。人一切的劳碌，就是他在日光之下的劳碌，有什么益处呢？一代过去，一代又来，地却永远长存。（《传道书》第1章第2~4节，和合本第1048页）

这样看来，智慧人比愚昧人，有什么长处呢？（《传道书》第6章第8节，和合本第1054页）

有义人行义，反致灭亡；有恶人行恶，倒享长寿。这都是我在虚度之日所见过的。（《传道书》第7章第15节，和合本第1055页）

不要行义过分，也不要过于自逞智慧，何必自取败亡呢？（《传道书》第7章第16~17节，和合本第1055页）

但是，这种相似性具有欺骗性。《传道书》表达的是总体上可言喻的《旧约全书》文本中非常例外的不可言喻性。相反，《道德经》所展示的是，"不可言喻的行动（基于相对真理的行动）"在有限的环境里是如何变得具有效用的。《传道书》充其量让人想起虚无主义或怀疑主义，而道家虽然使用了同样的概念和表述，却旨在传达在有限的环境里具有生产性和持久性的有效方式。

更加重要的是，在这个基本取向上的似是而非的差异之上，《传道书》表达的主题更多的是西方的例外，而不是西方的规则。除了《传道书》之外，《旧约全书》中的所有其他部分，包括《摩西五经》，都压倒性地强调行动和信仰的重要性，强调要正义、公正和善良。所有这些肯定性的属性都为生活在扩张性环境中——在这种环境中，生存斗争远比有限环境来得残酷——的人们提供了力量。

2 不可言喻性(相对真理)与可言喻性(绝对真理)

西方文明有两大根源，即犹太教与基督教，以及希腊罗马文化。西方宗教和文化都基于可言喻性原则，相信绝对真理。但是，也有例外，因为人们发现有一群希腊哲学家相信不可言喻性。另一方面，东方文明则建基于在很大程度上由道家和儒家（后来添加了佛教）所代表的同一个根源，其自然哲学并不认可超自然的宗教；他们都相信不可言喻性和相对真理。

不可言喻性：道家、儒家和赫拉克利特

东方文化将可言喻性（绝对真理）视为人类的构建，它接受自然之如其所是的变动流移，并试图辨识出那种变动流移背后的意义。这构成了《易经》转化哲学或者不可言喻性（相对真理）的基本框架，它贯穿于包括道家和儒家在内的东方所有思想流派。

如果探索贯穿《易经》始终的哲学，我们可以集中于一些最重要的概念。背后的整体观念是变易。它在《论语》中被提及，孔子站在河边说："逝者如斯夫，不舍昼夜。"这表达了变化的观点。认识到变化之含义的人将不再把注意力集中在稍纵即逝的个别事物上，而是集中于在所有变化背后发挥作用的不变的、永恒的法则上。这个法则就是老子之"道"，是万事万物的过程，是众中独尊（the one in the many）的原则。[1]

《易经》的转化哲学与阴阳互补哲学密切相连。这个世界看起来的确充满了矛盾，但是构成矛盾之基本矩阵的两个元素被解释为互补的，而非二元对立的。对立双方是互补性的，而不是非此即彼的二元论，因此，生生不息、变动不居的观念占据优势。否则，目的论视角的、克服矛盾而实现线性发展的观点将占得上风。绝对真理应该永远不变。

---

〔1〕 The I Ching or Book of Changes（Bollingen Series（General）（Princeton University Press，2011），Kindle Edition. 引语选自卫礼贤（Richard Wilhelm）为该书写的绪论。

这个世界处在不断变化中，充满了矛盾。要理解和欣赏某种状态，就需要其对立面的存在；现在看似正确的东西，或许是其反面。[1]

当（站在川上的）孔子（公元前551年~公元前479年）在东方说出"逝者如斯夫，不舍昼夜"[2]，而由此阐释了转化主义宇宙论时，赫拉克利特（公元前535年~公元前475年）则在西方说出了同样的一句话——这十分有趣，即"万物皆流，一如川水"[3]，由此表达了相同的宇宙论。但是，同样的宇宙论观念，其命运在东西方却走向截然不同的方向。在东方，孔子重申了已经被所有东方思想家接受的观念，即《易经》的转化哲学和阴阳互补哲学。换句话说，他将主流宇宙论观念扩展到了伦理学领域，这也构成了道家的主要构件之一。

儒家很顺利地与道家融合在一起。特别是，对人类生活中的矛盾和变化的深刻体会，以及从整体上看待事物的必要性——那是阴阳宇宙观的必要组成部分——也是儒家哲学的一部分。[4]

因此，儒家继承并同时强化了东方文明的这种宇宙论。而在西方，赫拉克利特却很快被边缘化了，因为柏拉图和亚里士

---

[1] Nisbett, The Geography of Thought, 13.

[2] The Analects, 9~17.

[3] Diogenes Laertius (November 5, 2012). The Lives and Opinions of Eminent Philosophers, Kindle Edition. (Kindle Locations 5531~32).

[4] Nisbett, The Geography of Thought, 16.

多德所提倡的"可言喻的"宇宙论注定要成为西方思想体系中的主流。

希腊哲学有一个很特别，也很重要的观念，即世界在根本上是静止不变的。当然，公元前六世纪的哲学家赫拉克利特和其他早期哲学家对变化很是关注（人不能两次踏进同一条河流，因为人是不同的，河也是不同的）。但是到了公元前五世纪，变化被踢出去，稳定性被请进来。巴门尼德（Parmenides）用几个简单的步骤"证明"变化是不可能的：说某个东西不存在是一个矛盾。非存在是自我矛盾，所以非存在不可能存在。如果非存在不可能存在，那么没有任何东西会变化，因为如果物甲要变成物乙，那么，物甲就不存在了！巴门尼德为希腊哲学家创造了一个选择题：他们要么相信逻辑，要么相信自己的感觉。从柏拉图以来，他们常常相信逻辑。[1]

在东方，基本上没有思想家鼓吹"可言喻性"：没有目的论的宇宙论，没有超自然宗教，没有神的概念，没有创造论。而在古希腊，人们很清楚有两类思想家的存在，即"不言喻性"和"可言喻性"。前者注定要被后者的光芒掩盖，因为西方的环境一直是开放的和扩张性的。

---

〔1〕 Ibid., 10~11.

可言喻性：巴门尼德、毕达哥拉斯和苏格拉底、柏拉图、亚里士多德

与东方不同，在希腊哲学中，尤其是在前苏格拉底时期，人们能够清晰地看到一种支持不可言喻性宇宙论的思潮。这个趋势最终被希腊的"可言喻性"彻底吞没了。苏格拉底、柏拉图和亚里士多德代表了这个分水岭。难怪西方哲学家要用苏格拉底作为里程碑来划分希腊哲学。

在古希腊，曾有若干著名思想家赞同赫拉克利特的宇宙论，这几乎等同于东方的转化主义宇宙论或者不可言喻性宇宙论。我们可以举出其中五个：赫拉克利特（公元前535年~公元前475年）、色诺芬（Xenophanes，大约公元前560年~公元前478年）、德谟克利特（Democritus，大约公元前460年~公元前370年）、皮浪（Pyrrho，大约公元前360年~公元前270年）和卡涅阿德斯（Carneades，大约公元前214年~公元前129年）。这些思想家被贴上转化论者的标签，或者借用上帝或绝对真理的说法，他们是"不可言喻者"。

相反，巴门尼德（Parmenides of Elea，公元前六世纪末或公元前五世纪初）、毕达哥拉斯（Pythagoras，大约公元前570年~公元前495年）、苏格拉底（公元前470年~公元前399年）、柏拉图（公元前428年~公元前348年）和亚里士多德（公元前384年~公元前322年）则相信可言喻性，且很快成为西方思想体系中的主流思想家。

朱利安教授解释了希腊思想家是如何牺牲不可言喻性而选

择可言喻性的。

墨提斯（metis）很快被清除出希腊思想甚至希腊语言的原因是，我们知道，希腊思想最终发展至要对"两个相互排斥的现实领域"进行解释：一个是"存在领域"，是"唯一"，是有限的、真实的和"确定的知识"；另一个是"生成领域，多元的、不稳定的、无限的，是模糊的和变化不定的意见"。这个区分或许有些范式化，但它却是西方形而上学的基础：走向墨提斯的道路被隔断，因为哲学选择了用本质和二律背反（antinomies）进行思考。[1]

由于苏格拉底、柏拉图和亚里士多德对西方思想体系的压倒性影响是众所周知的，本节对希腊可言喻性者的探讨仅限于巴门尼德和毕达哥拉斯。

巴门尼德

影响柏拉图和亚里士多德的是巴门尼德和毕达哥拉斯，而不是赫拉克利特和德谟克利特。巴门尼德是提出意见之路（the way of opinion）和真理之路（the way of truth）之区分的人。真理之路是永恒的、不变的，而意见之路则是短暂的、虚假的。这与东方的观念形成了两极对立，东方的观念认为绝对真理的确存在，但是对人类来说是不可言喻的。《道德经》的开篇即是深刻的"道可道，非常道"，它事实上支撑了整个东方思想体系。

---

〔1〕 Ibid., 191.

巴门尼德催生了西方思想体系中对绝对真理之可言喻性的信念。

巴门尼德认为存在物的多样性和它们不断变化的形式与运动不过是单一永恒现实（唯一存在，Being）的表象，由此导出了"一切是一"的巴门尼德原则。从这个唯一存在的概念，他进一步指出所有的变化或者非存在论调都不符合逻辑。因为他引进了将有关表象的命题建立在唯一存在这一逻辑概念之上的方法，他被认为是形而上学的奠基人之一。柏拉图的对话《巴门尼德篇》探讨了巴门尼德的思想。[1]

柏拉图（以及柏拉图笔下的苏格拉底）在其著名的洞穴寓言中进一步发展了这个观点。柏拉图认为形式（或理念）才是终极真实，而意见不过是形式的反映。柏拉图把人们描述为生活在洞穴中的意见的囚徒，人们必须努力走出洞穴，来到阳光照射的真理世界中。然后，按照洞穴寓言的说法，成功的和顿悟的哲学家必须返回洞穴，以把其他人从无知中拯救出来。于是，希腊人成为思考"存在"——与"生成"相反——的思想家，成为笃信真假二元对立逻辑的思想家。也就是说，希腊人"成为其逻辑的线性和非此即彼之取向的奴隶"。[2]虽然巴门尼德是色诺芬的学生，但后来他并没有成为色诺芬的追随者，而是成为毕达哥拉斯主义者。[3]他那带有目的论倾向来讨论事物的方式不可能与作为著名的怀疑论者的色诺芬的哲学相兼容。巴门尼德是提出如下观点的第一人：地球是球形，位于宇宙的

---

〔1〕 http://global. britannica. com/biography/Parmenides-Greek-philosopher.

〔2〕 Nisbett, The Geography of Thought, 11.

〔3〕 Diogenes Laertius, The Lives and Opinions of Eminent Philosophers, Kindle Locations 5634~35.

中心。[1]

毕达哥拉斯

毕达哥拉斯对西方思想体系的贡献非常关键。主要包括两个方面：存在一个独立于身体的灵魂（soul），这个灵魂是永恒的，代表了宇宙的绝对存在。因此，他毫不含糊地给西方灌输了灵魂观念（毕达哥拉斯可能游历过印度，并从那里了解到灵魂的流转），从而强调了宗教仪式的重要性。对灵魂流转的信仰为毕达哥拉斯式的生活方式提供了基础。

毕达哥拉斯本人似乎宣称自己享有与主神阿波罗密切相关的半神半人地位。他宣称他能够记起他的许多前世，因而比其他人更博学多识。[2]他的永恒灵魂概念影响了柏拉图和苏格拉底，后来成为西方思想体系的支柱。后来希腊人的这个灵魂观念与犹太教和基督教的心灵（spirit）概念融合在一起，产生了强大的思想政治—宗教动力，最终使基督教在公元四世纪时成为西方的国家宗教。

毕达哥拉斯以其宇宙对立学说而闻名，与赫拉克利特的对立统一学说形成对立。毕达哥拉斯派认为，所有种类的对立体，包括男与女、光明与黑暗、善与恶，都以某种方式如其所是地共存于宇宙之内，从微观上说，也存在于单个的人和毕达哥拉斯学社里。[3]需要留意的是，赫拉克利特认为两种元素是和谐

---

〔1〕　Ibid., Kindle Locations 5638~39.

〔2〕　http://global. britannica. com/topic/Pythagoreanism.

〔3〕　Ibid.

统一的，而毕达哥拉斯则认为两种元素是二元对立的。

希腊的所有可言喻者都相信神、绝对真理和创造论。希腊神话中的创造论——在其中，普罗米修斯在他弟弟厄毗米修斯的帮助下创造了人类——与《创世记》中描述的犹太教和基督教的神创造人的观念如出一辙。因此，这些思想家可以被贴上目的论者的标签，或者就上帝和绝对真理而言，他们是"可言喻者"。

希腊的不可言喻者：赫拉克利特、色诺芬、德谟克利特、皮浪和卡涅阿德斯

接下来，赫拉克利特、色诺芬、德谟克利特、皮浪和卡涅阿德斯将被当作希腊的不可言喻者来考察。希腊的不可言喻者往往被称为怀疑论者。在希腊人看来，怀疑论者意味着"有思想""观察"和"思考"。这种中性的希腊描述到了十六世纪时（很可能是在宗教改革时期）在西方人的思想中变成了负面描述：它逐渐用来指称提出质疑或者怀疑某东西——尤其是宗教或宗教信条——的人。

赫拉克利特

赫拉克利特可被认为是西方第一个不可言喻者。他的转化主义宇宙论和对立统一学说似乎更具东方色彩，而不是西方色彩。赫拉克利特解释说，一切都处于循环变化中；上升的路和下降的路是同一条路。诸如白天/黑夜、冬天/夏天、战争/和

平、饱腹/饥饿等对立范畴里的两种元素被认为是互补性的。他肯定会受到东方阴阳学派的欢迎。除了对立统一理论外，赫拉克利特还相信宇宙处于不断的流动中——你不能两次踏进同一条河流——正如东方人相信变化和转变永不停息一样。"一切都是矛盾造成的，一切都像河水一样流动。"[1]当我们研究他的作品时，可以清晰地看到他的路径与道家转化论之间的相似性："变化既是上升的道路，也是下降的道路；整个世界都赖它而存在。"[2]因此，他被称为"生成"（becoming）哲学家，而不是"存在"（being）哲学家。他的逻各斯（logos）与道非常类似："逻各斯总是闭口不言，人总是证明不能理解它，两者都在听之前，当他们首次听的时候……所有东西逐渐与逻各斯保持一致。因此，应当服从那共同的东西，逻各斯就是那共同者，但许多人活着仿佛有个别的心智。"[3]如果把逻各斯换成道，他的哲学将与《道德经》完美相合。"他抱怨说大部分人都不能理解逻各斯（希腊：秩序原则），即万事万物彼此相连、自然事件得以发生的普遍原则，因而他们像做梦者一样活着，带着虚假的世界观。赫拉克利特宣称，逻各斯的显著表现是对立面背后的联系。"[4]他否认人是根据神的形象创造出来的，不相信神这个创

---

〔1〕　Diogenes Laertius, The Lives and Opinions of Eminent Philosophers, Kindle Locations 5536~37.

〔2〕　Ibid., Kindle Locations 5539~40.

〔3〕　Richard D. McKirahan, Philosophy before Socrates, second edition, (Indianapolis: Hackett Publishing Company, Inc., 2010), 112. 此句翻译借用聂敏里：《什么是赫拉克利特的逻格斯》，载中国社会科学网，http://www.cssn.cn/zhx/zx_ljx/201405/t20140507_1151355.shtml，最后访问时间：2014 年 5 月 7 日。——译注

〔4〕　http://global.britannica.com/biography/Heraclitus.

造者。"这个世界秩序，对所有存在物都一样，没有神，也没有人创造。它过去是如此，现在也是如此，将来仍会如此。"〔1〕"对神而言，一切都是公平的、善良的和正义的，但是人们却认为有些事情是错误的，而有些是正确的。"〔2〕因此，也就难怪柏拉图和亚里士多德批评他了（虽然柏拉图受到赫拉克利特哲学的影响）。后来，赫拉克利特被西方主流思想家贴上了泛神论者的标签。

色诺芬

色诺芬是与赫拉克利特同一时代的人，在怀疑神和知识上立场更加明确。他宣称"没有人清晰地知道任何事情，任谁都不行"，〔3〕而且，"在所有事情上，意见占支配地位"〔4〕。其哲学背后的不可言喻性概念是非常清晰的。他否认奥林匹亚山诸神有着类人的理解，他嘲笑他们的永恒不朽。他留下诗歌批判神的人格化和民众对荷马神话的普遍接受。〔5〕他的神学观点与毕达哥拉斯正好相反，毕达哥拉斯的神学理论认为神是存在的，因而严肃认真地参与宗教仪式。很自然地，色诺芬反对毕达

---

〔1〕 http://plato. stanford. edu/entries/heraclitus/#Cos.

〔2〕 John Burnet, Early Greek Philosophy, 2nd ed. (London: Adam and Charles Black, 1908), 146 ~ 56. As quoted in https://pegasus. cc. ucf. edu/~ janzb/courses/rel3432/heraclitus1.

〔3〕 Diogenes Laertius, The Lives and Opinions of Eminent Philosophers, Kindle Locations 5995–5996.

〔4〕 Sextus Empiricus, Outlines of Pyrrhonism (New York: Prometheus Books, 1990), 101.

〔5〕 http://global. britannica. com/biography/Xenophanes.

哥拉斯的观点。[1]在他那个时代，色诺芬显得相当地非正统、激进，他区分了神圣知识与人类意见，认为前者是客观和真实的，后者是相对和主观的。他的主要论点是，我们作为人，并不能真正地认识事物，只是能假设。因此，他批评荷马和赫西俄德把盗窃、通奸和相互欺骗等所有一切都归咎于神（the gods）的做法，这些对于凡人来说是羞耻和不光彩的。色诺芬认为神王（God）是独一的、不变的、不动的和全能的。"神王是全看、全想和全听。"在色诺芬看来，神王创造了一切，但神王本身不是创造出来的，因为他是永恒的。"有一个神王，在所有神和人中是最伟大的，无论在形状还是思想上都与凡人不同。"[2]色诺芬的永恒的、全能的、无限的神王（God）概念非常类似赫拉克利特的逻各斯。他们都与东方的宇宙论概念——道——非常相似，都是不可启示的、自然的、不可言喻的和否定性的。与此同时，他们的哲学被包括柏拉图和亚里士多德在内的一些西方哲学家解读为宇宙上的一神教。东方的阴阳概念或许是澄清有关赫拉克利特和色诺芬的这种令人困惑的评价的最好方法；这两位东方圣人般的西方思想家表达了在阳——扩张性世界里的阴——不可言喻性思想。只要西方环境仍然维持其阳——扩张性，或者换句话说，开放的和扩张性的，他们就注定要被边缘化。难怪赫拉克利特和色诺芬被他们的希腊思想家同侪们评

---

〔1〕 Diogenes Laertius, The Lives and Opinions of Eminent Philosophers, Kindle Locations 5613-5614.

〔2〕 http://www.egs.edu/library/xenophanes/biography/.

价为"滥情的或无所属的哲学家"[1]。

德谟克利特

德谟克利特（Democritus）因和公元前五世纪的哲学家留基伯（Leucippus）一起提出宇宙原子论而闻名："宇宙的本原是原子和虚空；其他一切都是意见。"[2]从哲学上看，德谟克利特与道家的转化思想和不可言喻性有很多共同之处："在他看来，做出来的一切都要依靠意见而存在。"[3]"冷的东西被认为冷是一种意见，热的东西被认为热是一种意见，现实中存在的只有原子和虚空。"[4]德谟克利特留下了有深刻见解的只言片语，这也非常类似于道家："很多学问渊博的人并没有智慧"；"如果你想知足，那就行动少些，欲望小些，穷人让自己成为有钱人，宇宙中存在的一切都是偶然性和必要性的产物"。"发生的一切事情，那都是由于必要而发生的。""运动是产生万物的原因，他称其为必要性。"[5]德谟克利特将大众对诸神的信仰归结于为通过超人力存在来解释不寻常现象的现象（打雷、闪电、地震）。[6]柏拉图非常讨厌德谟克利特，以至于他希望将后者的书全部焚毁。[7]柏拉图否认虚空的存在，厌恶无神论思想或者泛

---

〔1〕 Diogenes Laertius, The Lives and Opinions of Eminent Philosophers, Kindle Locations 5631-5632.

〔2〕 Diogenes Laertius, Kindle Locations 5795~5796.

〔3〕 Ibid., Kindle Locations 5805~5806.

〔4〕 Ibid., Kindle Locations 5998~5999.

〔5〕 Ibid., Kindle Location 5802.

〔6〕 http://global. britannica. com/biography/Democritus.

〔7〕 Diogenes Laertius, Kindle Locations 5769~5770.

神论思想。另一方面，赫拉克利特和德谟克利特都受到弗朗西斯·培根（Francis Bacon）的高度评价，认为他们是真正的哲学家；而对作为哲学家的柏拉图和亚里士多德，培根自然都没有给出很高的评价。影响柏拉图和亚里士多德的是巴门尼德和毕达哥拉斯，而非赫拉克利特和德谟克利特。巴门尼德是提出"真理之路"和"意见之路"之区别的人，柏拉图对其非常推崇，并进而将这种区分发展为自身思想体系中的核心元素。毕达哥拉斯强调灵魂，这也影响了柏拉图和亚里士多德。

皮浪

皮浪推崇德谟克利特，赞同并进一步发展了他的怀疑主义。皮浪被誉为怀疑主义之父，在古希腊怀疑主义干脆被称为皮浪主义。皮浪敬重他的老师阿那克萨图斯（Anaxarchus），并因此跟随他来到印度，在那里见到了被称为天衣派的印度哲学家。（阿那克萨图斯本人曾陪伴亚历山大大帝前往印度。）皮浪相信"不可理解性和悬搁判断的必要性。依据同样的原则，他认为没有绝对真理这回事。没有任何东西是更多地如此、更多地如彼的"。[1]皮浪主义者被称为"悬搁判断者"。[2]他认为知识是不可能的，这与苏格拉底和柏拉图对知识的推崇形成鲜明对比——苏格拉底的知识与无知相反，柏拉图的知识与意见相反。

---

〔1〕 Ibid., Kindle locations 5920~5923.

〔2〕 所有这些人都因其师从而被称为皮浪主义者，又因其原则而被称为怀疑者、怀疑论者、搁置判断者和侦察者。请参阅：Diogenes Laertius, The Lives and Opinions of Eminent Philosophers, Kindle Locations 5977~5978.

皮浪主义者宣称（古希腊）七贤的准则都是怀疑主义的，比如"不要过分追求任何东西"和"独断（的立场或判断）接近于灾难"，其意思是一个人若做出积极的、确定的论断，灾难就将尾随而至。[1]皮浪认为，人们必须悬搁有关神（God）的判断："而且，为了形成有关神的概念，人们必须——迄今为止一直依靠独断论者（dogmatists）——悬搁他存在还是不存在的判断。因为神的存在不是自明的（preevident）。如果神能自然而然地给我们留下深刻印象，那么独断论者将在其本质、特征和地位上达成完全一致的意见；然而，独断论者之间无休止的争论与分歧使得他们似乎在进行非自明的、病急乱投医式的证明。"[2]皮浪主义认为，"如果物体呈现这样和那样的外观，那完全取决于其位置和相对安排"。[3]教条肯定说不通，"因为不是所有人都遵从同样的理性，即便是同一个人也并不总是以同样的方式看待事物"。[4]因为相信任何命题的争论双方都能提出同等的论证，所以他认为探索真理是徒劳的努力，因而不屑一顾。[5]

卡涅阿德斯

卡涅阿德斯曾担任后期柏拉图学园的领袖，但是对柏拉图

---

〔1〕 Ibid., Kindle Locations 5987~5989.

〔2〕 Sextus Empiricus, Outlines of Pyrrhonism (New York: Prometheus Books, 1990), 188.

〔3〕 Diogenes Laertius, The Lives and Opinions of Eminent Philosophers, Kindle Location 6131.

〔4〕 Ibid., Kindle Location 6145.

〔5〕 http://global. britannica. com/biography/Pyrrhon-of-Elis.

的哲学赞同甚少。与柏拉图不同，卡涅阿德斯并不相信绝对知识。他以提出学院派怀疑论而著称，他提出的原则是，所有知识都是不可能的，除了"其他所有知识都是不可能的"这个知识之外。因此，这比皮浪主义更加激进，因为后者对"否定"本身也持悬搁判断的态度，而前者则是否定一切知识。卡涅阿德斯是宣称形而上学失败的第一位希腊哲学家，他驳斥了斯多葛派和伊壁鸠鲁学派的学说，"终极而言，卡涅阿德斯的怀疑态度根源于他否认存在任何特定的知识，无论是感觉还是知识。在这种理念下，他批评伊壁鸠鲁学派和斯多葛派的信念是不能令人信服的"。[1]他怀疑的基础是，他认为无论感觉还是理性都不能获得真理——等同于"真理是人们无法掌握的"道家原则。但是，卡涅阿德斯认为，相对真理或者可能的真理可以被人类辨识出来，这让我们能够正确地生活和行动——等同于"人们能够从道的表现中辨别出相对真理"的道家态度。他否认决定论，承认偶然和概率的重要性。他并不承认道德与自然的一致性，坚持认为我们的正义观纯粹是人为的和权宜性的。怀疑绝对正义类似于道家反对统治者的规定和政策。后来的主流西方思想家给卡涅阿德斯贴上了怀疑论者和无神论者的标签。

这些主张"不可言喻性"和"转化主义"的西方思想家有着若干共同特征：他们对绝对真理、创造论和神的可言喻性表示怀疑。而且，他们后来都被贴上怀疑论者和无神论者或泛神论者的标签。他们成为规则中的例外，在西方常常遭到排斥。总之，他们的"不可言喻性"注定要在主流西方思想体系中被

---

〔1〕 http://global. britannica. com/biography/Carneades.

边缘化，因为这个体系建立在目的论基础上，相信绝对真理、创造论和众神（希腊罗马文化）/上帝（基督教）的可言喻性。

3 不可言喻之无为与可言喻之行动

东方强调无极（nonbeing，非存在）胜过太极（being，存在），这产生了东方的典型概念——无为。"无为"的字面意思是"无行动"，它可以有多种翻译方式，包括非为（nonaction）、非为之为（action of nonaction）、不为（inaction）、无有为（without action）、无为之为（action without action）、不着意之为（effortless action）、柔性之为（soft action）、无形之为（invisible action）、自由放任（laissez-faire）、不到场之为（action by default）、不可言喻之为（ineffable action），等等。本书选择"laissez-faire"（wuwei）作为"无为"的英文翻译。为了与西方的 laissez-faire/自由放任概念区别开来，文中在使用 laissez-faire 一词时会同时在后面的括号里写上"无为"的汉语拼音"wuwei"。laissez-faire（wuwei）代表作为东方道家概念的自由放任，而简单的 laissez-faire 则是作为西方概念的自由放任。

东方的道家无为概念是被法国重农学派引入西方的。西方哲学家鼓吹自由放任概念以反对流行的重商主义，后者意味着严重的国家干预。

聪明的统治者知道，在一定的操作层次上，最好的政策是在某种意义上什么都不做，这个政策总结起来就是核心哲学概念——Wuwei（无为），翻译成法语的话就是 laissez-faire。历史学家巴斯尔·盖伊（Basil Guy）评论说，"法律制定者和法律本身都必须承认自然秩序的原则，这样做就符合中国的无为理想，它激发了中国人的统治理论灵感"。正是这个原则也激发了法国重农学派的创始人弗朗斯瓦·魁奈（Quesnay），并通过他的学生亚当·斯密（Adam Smith）进入现代经济学的思维体系中。[1]

针对西方的自由放任概念是在东方无为哲学影响下形成的这一观点，似乎有一些历史证据表明，自由放任这个词的实际出现要先于法国重农学派。但是，道家的深刻影响尤其是无为哲学对法国重农学派的影响是无可否认的：是法国重农学派将自由放任概念引入西方，并在西方思想家中普及开来。因为无为概念是在 18 世纪被引入西方思想体系的，其哲学含义还没有被西方人充分掌握。

作为行动（action）的无为（nonaction）事实上意味着"为无为"（wei wuwei, action without action）。无为是避免基于贪婪的行动，并成为"为无为""无瑕之为"（unclouded action）"开明之为"（enlightened action）或者"不可言喻之为"（ineffable action）。东方的无为是不可言喻的行动，这与西方的可言喻行动正好相反。两种行动都展现出人们在不同情况下怎样可以变得更有效用。

东方的方法是间接的、看不见的、操纵性的、归纳性的、耗费时间的。这种方法与直接的、看得见的、开门见山的、演

---

〔1〕 Clarke, op. cit., p. 50.

绎性的和快速的西方方法不甚相合。但是，它的目标是减少风险，让结果以自然而然（by default）的方式发生。不到场的行动（action by default）在哲学上就等同于不可言喻的自由放任——这与可言喻的行动相反。东方的"不到场的行动"与西方的"规划性行动"（by design action）形成对比，前者旨在等待事情发生，而不是"召唤"某种效果。

　　所以我们不应该指望"召唤"一种效果，而是应该简单地听任它到来。我们不应该自己寻求那种效果，而是应该将自己放在适当位置上以欢迎它的到来……这样的战略最后似乎都能奏效，清楚地知道如何影响一种效果，知道如何在上游应对某种情况，以便使这个效果"自然地"顺流而下。[1]

　　与《摩西五经》不同，《道德经》对人性的探究更为深思熟虑。（在西方）因为人是按照上帝的样子创造出来的，所以对人性进行思考是没有意义的。西方对人性的研究只是在启蒙时代之后才开始，尤其是在达尔文的进化论之后。而东方思想体系建基于实证性的、归纳性的观察原则，因此道的表现以及人性都自然地被包括在《道德经》中。支撑道家的、有关人性本质的信条是，人性是贪婪的。贪婪是人性的最根本的方面，这不大可能出现在自然的其他东西上：自然之道没有贪婪，但人之道则会基于贪婪而行动；大众被认为会采取行动以满足自己的贪欲；只有圣人能够依据无为而行。

---

〔1〕 Jullien, A Treatise on Efficacy between Western and Chinese Thinking, 116-17.

无为是让人迷惑的哲学。人们可以从考察无为的存在理由（raison d'être）开始。在已经有道的情况下，为什么人类需要无为？正如《道德经》解释的那样，道无所不在。在动物世界，道本身就已经足够，因为动物不贪婪，它们不会用贪婪破坏它们那依道而行的社会。但在人类世界，和其他动物不同，人性天生倾向于贪婪，这成为人类社会所有冲突动荡的主要根源。因此，人类需要一种方法将贪婪的破坏性行动最小化，这些破坏性行动可以被描述为"人为的"。无为则是实现这个目的的最好手段，即最小化人类的人为行动或者破坏性行动，而将道的不到场行动最大化。

无为是集中体现其转化宇宙论及其对待绝对真理的不可言喻性态度的东方式行动。从东方视角看，西方行动的特征可以被概括为"行动崇拜"。

中国思想不仅从来没有形成行动崇拜——无论是英雄的还是悲剧的——而且更加激进的是，它从来没有选择用行动的术语来解释现实……它把现实解释为连续不断的转化过程。[1]

如果《道德经》可被视作《旧约全书》中的《摩西五经》，其核心原则——无为——就可以被比作上帝的话语或命令以及两套教导在各自文明中所扮演的角色。但是，它们的目标几乎正好相反。上帝的话语旨在启发人们用坚定的信念和正义感去采取行动并获取成功。这与目的论原则有着深刻的联系。相反，

---

〔1〕 Ibid., 51.

道家的无为旨在打击人们采取可能徒劳无功的行动的积极性。如果上帝的话语或者上帝的法则是终极的存在（being），那么道家的无为是最终的非存在（nonbeing）。

无为哲学是西方目的论式行动的东方对应物。西方的可言喻性/信仰（或者目的论行动）广为人知。因此，本节将着重探索东方的不可言喻性/无为概念。无为被简单地翻译成自由放任，但它拥有比西方的自由放任更多的隐含意义，因为前者除了政治经济学的含义外，还包含了伦理、政治和国际关系方面的含义。

4 无为：自由放任的哲学

无为是个多功能的概念，在习惯于用各种概念来分门别类的西方人看来仍然难以理解。正如《道德经》显示的那样，作为不可言喻性的行动，无为与宇宙论、伦理学、政治学、政治经济学和国际关系都有关联：在宇宙论中，它意指与目的论行动相反的转化行动；在伦理学上，它指与信心相反的无信心；在政治学上，它指与集权相反的分权；在政治经济学中，它指与大政府相反的小政府；在国际关系上，它指与劝诱改宗的干预主义相反的不干涉主义。

宇宙论：转化行动与目的论行动

道家对人性的解释与它的宇宙论很自然地融合在一起，为东方各种各样的不可言喻性行动提供了一个平台。

西方的行动（为）代表存在，即"目的论行动"。而东方的"为无为"则代表了"生成式行动"，或者如果是说无为的话，则代表了"非存在之行动"（action of Nonbeing）。生成式行动将变成"转化行动"。转化行动聚焦于潜在的还没有成熟的萌芽。因为无为跟随自然的转化流动过程，所以它仍然保持着纯粹的功能性，这与保持其本体论性质的目的论行动形成对比。

令人欢欣鼓舞的是，西方终于开始关注道及其无为精神了。比如，本杰明·霍夫（Benjamin Hoff）在《小熊维尼之道》（The Tao of Pooh）中解释了无为那令人困惑的含义：

> 无为的字面意思是不做、不制造、不引起反应。但事实上，它意味着不做爱管闲事的、好斗的或自私的努力。看起来非常显著的是，无为这个词源于一只伸出去抓的手和一只猴子这样两个形象，因为无为这个词的意思是不违背事物的本性，没有自作聪明的捣乱，没有瞎胡闹（monkeying）。无为的功效就像水在石头上和石头周围流动，不是用机械的直线方式——这种方式通常以违背自然法则而很快宣告终结——而是基于对事物之自然节奏的内在敏感性。[1]

作为"转化行动"的无为就像"顺流而行"或者就像水一样。

最善的人好像水一样。水善于滋润万物而不与万物相争，

---

[1]　Benjamin Hoff, The Tao of Pooh, chap. 6, from Audiobook.

停留在众人都不喜欢的地方，所以最接近于"道"。（"上善若水。水善利万物而不争，处众人之所恶，故几于道。"《道德经》第8章）

遍天下再没有什么东西比水更柔弱了，而攻坚克强却没有什么东西可以胜过水。弱胜过强，柔胜过刚。（"天下莫柔弱于水，而攻坚强者莫之能胜，以其无以易之。弱之胜强，柔之胜刚。"《道德经》第78章）

作为"生成式行动"的无为在转化的萌芽阶段行动。再而言之，它的目标是事物的萌芽——逐渐走向成熟之前的状态。

万物变化而生，萌生之初便存在差异而各有各的形状；盛与衰的次第，这是事物变化的流别。（"万物化作，萌区有状，盛衰之杀，变化之流也。"《庄子·外篇·天道》）[1]

弗朗索瓦·朱利安（François Jullien）在《功效：在中国与西方思维之间》[2]中从哲学角度对无为哲学进行了如下解释：

归根到底，这就是为什么我们应该理解圣人之"无为"，或者更准确地说，理解这个事实：他能够"为无为"。原来觉得是悖论的东西现在得以解决：我们被告知圣人"行动"了，但是，这个行动发生在"现实还没有实现之前"。行动当然确实发生

---

[1] 英文为理雅各（James Legge）译本。
[2] 该书中文标题借用自林志明所译的中文版，北京大学出版社2013年版。——译注

了，但是它发生在上游；它发生在如此遥远的上游，以至于根本没有被注意到。因为圣人知道（知者谓之圣人），要达到某种效果，总是需要经历一个过程，而不是靠迎难而上直面现实和期望通过壮举来取得成功。[1]

因为无为（nonaction）这个词还意味着静止或者逃避，所以人们很容易误解无为 [laissez-faire（wuwei）] 哲学。它是静止主义或者逃避主义的反面。无为哲学不是让自己远离现实或者逃避实际情况，而是以最有效的方式实现自我保存的根本目的。无为成为"不可言喻的行动"的有效方式。

老子从来没有建议我们逃离这个世界，因为就像他看到的那样，没有其他世界可以让我们抛弃这个世界，让我们能够对其寄予希望，或者对它的期待能够让我们在这个世界的生活变得可以忍受……崇尚无为仅是为了可见的利益——"得"天下并进而君临天下的前景——因此，纯粹是出于对其效益的考量。[2]

无为哲学比其他任何概念都更好地抓住了东方文明的特征，就像它的西方对应物——比如目的论式行动——之于西方文明一样。它是基于转化的概念，而西方的行动和信仰则是基于目的论。

但是，在遥远的中国，我们发现一种效用概念，它教导人

---

〔1〕 Jullien, A Treatise on Efficacy between Western and Chinese Thinking, 125.

〔2〕 Ibid., 85.

们学会如何让某种效果出现：不是直指它（直接的），而是影响它（作为后果），换句话说，不是追求而是简单地欢迎它——听任它的发生。[1]

因为，基于对立的宇宙论，《道德经》用无为哲学指导东方人的伦理学、政治学和政治经济学以及国际关系，它帮助我们对无为哲学和它的西方对应物在前述领域的含义进行比较对照。

伦理学：东方的谦虚退让与西方的张扬自信

无为赞扬伦理学上的谦虚退让，这与西方的张扬自信相反。顺从、谦恭和温和受到称赞。

循环往复的运动变化，是道的运动，道的作用是微妙、柔弱的。（"反者，道之动；弱者，道之用。"《道德经》第40章）

江海所以能够成为百川河流所汇往的地方，乃是由于它善于处在低下的地方，所以能够成为百川之王。因此，要领导人民，必须用言辞对人民表示谦下，要想领导人民，必须把自己的利益放在他们的后面。（"江海所以能为百谷王者，以其善下之，故能为百谷王。是以欲上民，必以言下之；欲先民，必以身后之。"《道德经》第66章）

无为远非不行动。它劝导人们行动应该是灵活的，警告过多的行动或者干预主义。在有限的环境中，从效用来说，灵活、

---

[1] Ibid., 7.

第二章　非存在、存在和生成

柔和、柔弱更具意义。

　　委曲便会保全，屈枉便会直伸；低洼便会充盈，陈旧便会更新；少取便会获得，贪多便会迷惑。（"曲则全，枉则直，洼则盈，敝则新，少则得，多则惑。"《道德经》第22章）

　　柔弱的东西属于生长的一类。因此，用兵逞强就会遭到灭亡，树木强大了就会遭到砍伐摧折。凡是强大的，总是处于下位，凡是柔弱的，反而居于上位。（"柔弱者生之徒。是以兵强则灭，木强则折。强大处下，柔弱处上。"《道德经》第76章）

　　遍天下再没有什么东西比水更柔弱了，而攻坚克强却没有什么东西可以胜过水。弱胜过强，柔胜过刚。（"天下莫柔弱于水，而攻坚强者莫之能胜，其无以易之。弱之胜强，柔之胜刚……"《道德经》第78章）

　　无为哲学是中国两千多年前在受限的环境里诸侯列国之间常年战乱的背景下牢固地确立起来的。其支持者认为，无论是在个人之间还是在国家之间，争夺权力和财富的欲望都是冲突的主要根源。道家教导人们回归贪婪之前的自然状态。无为是建立在无极的根本前提之上的。无为赞同虚空的理想而不是丰裕富饶，认为在起初什么都没有；天下万物产生于看得见的有形质，有形质又产生于不可见的无形质。"天下万物生于有，有生于无。"（《道德经》第40章）

　　《道德经》宣称，如果你决定向前冲以便成功，这将是累人且有风险的。你不可避免地引发竞争者，遭遇对手的对抗和争

93

夺。但是，如果你谦卑地躲在背后，可能出现的情况是你会被推到前台。你选择置身于退后的位置反而导致相反的方向：所以不是积极向前冲，而是应该用这样一种方式来行动，即让别人推着你走。如果他人推你向前，他们后面就不会挑战你的进步。（"是以圣人后其身而身先，外其身而身存。非以其无私邪？故能成其私。"《道德经》第7章）[1]

西方思想强调张扬自信的重要性：

你们是世上的盐。盐若失了味，怎能叫它再咸呢？以后无用，不过丢在外面，被人践踏了。你们是世上的光。城造在山上，是不能隐藏的。人点灯，不放在斗底下，是放在灯台上，就照亮一家的人。你们的光也当这样照在人前，叫他们看见你们的好行为，便将荣耀归给你们在天上的父。（《马太福音》第5章第13~16节，和合本第7页）

我们在道家却发现截然相反的东西，道家强调顺其自然和谦虚退让。

三十根辐条汇集到一根毂中的孔洞当中，有了车毂中空的地方，才有车的作用。揉和陶土做成器皿，有了器具中空的地方，才有器皿的作用。开凿门窗建造房屋，有了门窗四壁内的空虚部分，才有房屋的作用。所以，"有"给人便利，"无"发挥了它的作用。（"三十辐共一毂，当其无，有车之用。埏埴以

---

[1] Ibid., 114.

为器，当其无，有器之用。凿户牖以为室，当其无，有室之用。故有之以为利，无之以为用。"《道德经》第 11 章)

东方的黄金法则体现了谦虚退让的哲学，西方则推崇张扬自信的哲学。西方的黄金法则鼓励主动出击或者自信自恃。

你们愿意人怎样待你们，你们也要怎样待人。(《路加福音》第 6 章第 31 节，和合本第 113 页)〔1〕

东方的黄金法则鼓励顺其自然或谦虚退让。

己所不欲，勿施于人。(《论语·卫灵公篇》)

当然，《圣经》和《道德经》都提倡谦恭以及妥协。《圣经》宣扬谦恭。

虚心的人有福了，因为天国是他们的。哀恸的人有福了，因为他们必得安慰。温柔的人有福了，因为他们必承受地土。(《马太福音》第 5 章第 3~5 节，和合本第 6~7 页)

与此类似，道家也鼓励谦恭和退让。

因此，有道的圣人遇事谦退无争，反而能在众人之中领先；将自己置之度外，反而能保全自身生存。这不正是因为他无私

---

〔1〕　整句诗行如下："你们愿意人怎样对待你们，你们也要怎样待人。因为这是法律和先知的教导。"

吗？所以能成就其自身。（"是以圣人后其身而身先，外其身而身存。非以其无私邪？故能成其私。"《道德经》第7章）

但是，《圣经》把"你们愿意人怎样待你们，你们也要怎样待人"描述为充满信心的积极行动主义的本质，将其呈现为可以应用在任何事上的准则；而《论语》则教导把"己所不欲，勿施于人"作为人们终其一生都应该遵守的准则，体现的是一种退让的自由放任态度。这些东方哲学谈的都是在不同背景下的效用问题。弗朗索瓦·朱利安如此解释道家所承载的东方效用观：

我们在西方也说"最后一个反而领先"（The last shall be first），但是在这里，它并不是指奖励（正如在最后的审判中，被超然性带来的奖励），事实上，它发生在即刻的现在，纯粹依靠内在性（源自当下的情景）。而且，选择退缩并不意味着自我否定……它是纯粹的效用问题。[1]

不相信形而上学真理的本杰明·富兰克林（Benjamin Franklin）是西方的不可言喻者之一。他解释了人类伦理学中谦虚退让的好处：

这种方法我用了多年，但是慢慢地抛弃了，只保留了用有礼谦逊的语气和方式来表达自己想法的习惯；当我要推进一件可能引起争议的事情时，我从来不用"当然""毫无疑问"以

---

[1] Ibid., 115.

及其他容易产生执拗神态的语汇；只说"按照我的构想或理解，事是这样这样的"，或"出于这样的或那样的原因，对我而言它是这样或那样的，或者我应该认为它是这样或那样的"，或"我猜想它可能是这样"，或"如果我没有弄错的话，它可能是如此"。我相信，这种习惯一直以来对我大有益处……[1]

准确地说，对应于道家的无极、无序、无语和无为原则，儒家扮演了太极、秩序、言语和行动的角色。在二者的关系中，非常重要的一点是，两大思想流派——儒家和道家——都承认各自的角色。它们之间的共存关系受到二者所共享的如下东方准则的支撑，即《易经》的转化哲学和阴阳互补哲学，此外，还时不时地受到内在于无为哲学的静退感的支撑。

政治学：东方之静退与西方之集中

道家承认生活在这个世界上及使用行动和话语的必要性，只是它们没有被看得比无为和不言更重要。在希腊思想家中，卡涅阿德斯赞同一种十分类似的哲学。他不相信形而上学，因为他觉得通过抽象和沉思推理来探索真理既不能使人得到智慧，也不能增进人们的知识。但是，他的确相信人类能够辨识出相对真理，而这将使人能够正确地行动和生活。像不可言喻性这样的观点在西方往往被边缘化，而在东方却是主流。

无为是道家的关键词，而儒家却把它作为治理国家的原则。

---

[1]　Benjamin Franklin, The Autobiography of Benjamin Franklin, Public Domain Books, Kindle Edition, p. 17.

在《论语》中，孔子阐述了静退（devolution）在国家和日常事务管理中的重要性。

子曰："无为而治者其舜也与！夫何为哉？恭己正南面而已矣。"（《论语·卫灵公篇》）

在政治上，无为的含义清晰地体现在最著名的法家人物韩非子身上。在其代表作《韩非子》第五章"主道篇"中，韩非子解释了无为如何发挥作用，换句话说，如何为无为。它主要涉及权威的适当下放，比如（君主的）"静退"（devolution）：

道是万物的本原，是非的准则。因此英明的君主把握本原来了解万物的起源，研究准则来了解成败的起因……明君在上面无为而治，群臣在下面诚惶诚恐。明君的原则是，使聪明人竭尽思虑，君主据此决断事情，所以君主的智力不会穷尽；鼓励贤者发挥才干，君主据此任用他们，所以君主的能力不会穷尽。（"道者，万物之始，是非之纪也。是以明君守始以知万物之源，治纪以知善败之端……明君无为于上，君臣竦惧乎下。明君之道，使智者尽其虑，而君因以断事，故君不躬于智；贤者勅其材，君因而任之，故君不躬于能。"《韩非子·主道篇》）

儒家和道家都更加重视不成文之伦理，而非成文法。因为后者虽然有良好的意图，但却可能被贪婪遮蔽，因而导致腐化堕落的思想。无为一直是东方文明的惯用做法，其哲学包括对我们周围自然世界、人性、最值得向往的国家治理方式以及国际关系的理解。

因此圣人用无为的观点对待世事，用不言的方式施行教化：听任万物自然兴起而不为其创始，有所施为，但不加自己的倾向，功成业就而不自居。（"是以圣人处无为之事，行不言之教，万物作焉而不辞，生而不有，为而不恃，功成而弗居。"《道德经》第2章）

无形的力量可以穿透没有间隙的东西。我因此认识到"无为"的益处。"不言"的教导，"无为"的益处，普天下少有能赶上它的了。（"无有入无间，吾是以知无为之有益。不言之教，无为之益，天下希及之。"《道德经》第43章）

在神、创造、绝对真理等概念下，西方开始集中于且越来越痴迷于找到人类在此世存在的目的，乃至每个事件和情形的目的。与东方的静退（devolution）相反，"高度集中"（concentration）成为西方行动的主旨思想。这使得苏格拉底、柏拉图和亚里士多德的哲学从根本上而言都是目的论的。因为是目的论的，所以后苏格拉底时代的希腊思想体系与同样建立在目的论基础上的犹太教与基督教很好地融合在一起。《圣经》中表达的对上帝和绝对真理的宗教信仰与苏格拉底对知识的信仰有着共同的目的论倾向。人类要寻找真理和知识，并强化它们，目的是获得"自由"或者"摆脱无知"。

基督教：真理让你自由。

苏格拉底：人之所以会犯下错误，乃是因为他的无知。

苏格拉底和基督教对绝对真理的信仰是其与东方——相信绝对真理的不可言喻性，这体现在儒家和道家思想里——的关键差别。儒家和道家重视伦理、克制和谦恭，即分权的标志，它是有关政治领导方面的极为重要的无为价值观。

用道德来治理国政，便会像北极星一样。静静地处在它应处的位置上，众多星辰都环绕着它。《诗经》三百篇，可用一句话来概括它，就是思想不邪僻。（"为政以德，譬如北辰，居其所而众星共之。《诗》三百，一言以蔽之，曰：'思无邪'。"《论语·为政篇》）

江海之所以能够成为百川河流所汇往的地方，乃是由于它善于处在低下的地方，所以能够成为百川之王。因此，要领导人民，必须用言辞对人民表示谦下，要想领导人民，必须把自己的利益放在他们的后面。（"江海所以能为百谷王者，以其善下之，故能为百谷王。是以欲上民，必以言下之；欲先民，必以身后之。"《道德经》第 66 章）

我有三件法宝执守而且保全它：第一件叫作慈爱；第二件叫作俭啬；第三件是不敢居于天下人的前面。有了这慈爱，所以能勇武；有了俭啬，所以能大方；不敢居于天下人之先，所以能成为万物的首长。（"我有三宝，持而保之。一曰慈，二曰俭，三曰不敢为天下先。慈，故能勇；俭，故能广；不敢为天下先，故能成器长。"《道德经》第 67 章）

因此，有道的圣人才有所作为而不占有，有所成就而不居功。他是不愿意显示自己的贤能。（"是以圣人为而不恃，功成而不处，其不欲见贤。"《道德经》第77章）

道家和《圣经》再一次建议人们对物质财富保持警惕。道家建议无为哲学或者无占有。

金玉满堂，无法守藏；如果富贵到了骄横的程度，那是自己留下了祸根。（"金玉满堂，莫之能守。富贵而骄，自遗其咎。"《道德经》第9章）

但是，《圣经》更进一步建议人们采取积极的态度，强调积极的行动主义。

不要为自己积攒财宝在地上，地上有虫子咬，能锈坏，也有贼挖窟窿来偷；只要积攒财宝在天上，天上没有虫子咬，不能锈坏，也没有贼挖窟窿来偷。因为你的财宝在哪里，你的心也在那里。（《马太福音》第6章第19~20节，和合本第10页）

除了节俭和不占有之外，当与世界上所有书籍中最深刻最著名的《道德经》开头一句"道可道，非常道"结合起来时，不干涉主义的无为哲学还推动了兼容并蓄的精神。按照绝对真理对人类来说是不可言喻的这一原则，所有宣称绝对真理的哲学、宗教和意识形态在东方文明中都被认为只是代表了相对真理。它们是用来为人服务的，而不是相反。因此，所有宗教，只要不提出排他性的主张和领域，它们在东方都会受到欢迎。与一神教相反的兼容并蓄精神是东方对待宗教的方式。

政治经济学：小政府与大政府

不同的环境要求人类为了自保而采取不同的行为。在东方受限的环境中，人们采取无为；在西方扩张性环境中，人类抱着基于目的论的积极行动主义信念而行动。这种倾向因为东方民族国家（nation states）的崛起而进一步强化。在《道德经》诞生时期，民族国家的形成变得非常明显，因此，这产生了有关民族国家内部政治与政治经济的自然且本真的哲学思想。

不论是在西方，还是在东方，很多人都认为无为哲学是建议人们隐退、消极和妥协，总之就是回避问题。无为是道家的关键词，它常常被西方人和东方人误解为什么也不做、消极地等待。这种猜想并不是完全错误的，但是，那并不是全部，而只是其中一部分内容。与行动相比，无为在受限的环境下受到推崇，是因为它在这种环境里往往更有效、更有成果。在扩张性环境中，直接采取行动要比无为更有成效。

虽然无为所包含的政治观点的全部深度未能引起西方人的关注，但是《道德经》仍然提供了与自由市场和民主等当今范式相关的开创性概念。除了政治经济学中的无为原则之外，《道德经》还赞成小政府、低税收和缩小贫富差距等。

法令越是森严，盗贼就越是不断地增加。所以有道的圣人说，我无为，人民就自我化育。（"法令滋彰，盗贼多有。故圣人云，我无为而民自化。"《道德经》第 57 章）

政治宽厚清明，人民就淳朴忠诚；政治苛酷黑暗，人民就狡黠抱怨。（"其政闷闷，其民淳淳；其政察察，其民缺缺。"《道德经》第 58 章）

所以用智巧心机治理国家，就必然会危害国家，不用智巧心机治理国家，才是国家的幸福。（"故以智治国，国之贼；不以智治国，国之福。"《道德经》第 65 章）

人民之所以难以统治，是由于统治者政令繁苛、喜欢有所作为，所以人民就难以统治。（"民之难治，以其上之有为，是以难治。"《道德经》第 75 章）

自然的规律，是减少有余的补给不足的。可是社会的法则却不是这样，要减少不足的，来奉献给有余的人，那么，谁能够减少有余的，以补给天下人的不足呢？只有有道的人才可以做到。（"天之道，损有馀而补不足。人之道则不然，损不足以奉有馀。孰能有馀以奉天下？唯有道者。"《道德经》第 77 章）

同样，儒家也对政治经济抱有同样的关注。

我听说过，君子只救济有困难的人，不必赠东西给富人。（"吾闻之也，君子周急不继富。"《论语·雍也篇》）

东西方在基本宇宙论和政治经济学上的这种不同也反映在各自的政府形式上。与西方相比，东方通常更喜欢小政府和低税收。因为人性促使大多数人竭力去满足自己的贪婪，提高的税收往往会落入担负管理职务的贪婪者手中。

西方也有偏好小政府的政治经济学说，但在道家的小政府和西方的小政府之间存在着一个差别。道家的小政府指向政府的行动和制度，它与对私营部门（private sector）的管理并无关系，而是维持一种自由放任的态度。西方的小政府理论则是一种"政府—私有部门"框架下的理论，它的真正目标是加强私营部门的角色，并相应地缩减政府的角色。

国际关系：不干涉主义与劝诱改宗的干涉主义

在国与国关系和人与人的关系中，东方的无为意味着自由放任/不干涉主义，而西方的行动模式则是信仰/劝诱改宗（prosely-tism）。东方的无极（nonbeing）宇宙论产生了无为哲学，建议采取不干涉主义。《道德经》的如下段落描述了无为哲学中不干涉主义的本质。

有所作为的将会招致失败，有所执着的将会遭受损害。因此圣人无所作为所以也不会招致失败，无所执着所以也不遭受损害。（"为者败之，执者失之。是以圣人无为，故无败；无执，故无失。"《道德经》第64章）

这与西方建立在存在（being）宇宙论基础上的积极的劝诱改宗形成鲜明对比。事实上，东方文化推崇不干涉主义的无为哲学和耐心，而西方宗教崇尚积极主动的态度和攻势的劝诱改宗。

重申一下，东方无为哲学的起点是把欲望视为社会麻烦的主要根源。人类在大部分时候行动就是要实现自己的欲望；这些行动必然与其他人发生冲突。因此，与干涉主义或者积极行动相比，奉行不干涉主义或者采取顺其自然的态度从长远来看可以更有效地达到自保的目的。在扩张性世界，人类需要信仰和坚定的信念才能生存，因此张扬自信占上风；而在受限的环境中，人们需要理解与和谐才能生存，因此，顺其自然占上风。

但是，在西方，除了谦恭和妥协之外，频繁强调的是积极的和进取性的态度。由信仰和行动支撑起来的有目的的生活是西方宗教的本质。比如，《圣经》通过种子和酵母的寓言强调改变信仰的重要性：你的行为就像撒种，生长起来结实百倍，好比酵母，有妇人拿来藏在三斗面里，直等全团都发起来。（《路加福音》第 8 章 5~8 节，第 13 章第 21 节，和合本第 135 页）因此，谦恭和妥协在西方被推崇为"美德"。

它支持了无为的美德："勇于坚强就会死，勇于柔弱就可以活……自然的规律是，不斗争而善于取胜；不言语而善于应承；不召唤而自动到来。"（"勇于敢则杀，勇于不敢则活……天之道，不争而善胜，不言而善应，不召而自来……"《道德经》第 73 章）

人们只要看看西方的历史尤其是它的帝国殖民主义，就会看到其扩张和干涉主义。与基于军事力量的西方干涉主义相反，东方在国际关系中推崇不干涉主义，东方更愿意依靠伦理而不是武力。

所以，大国对小国谦下忍让，就可以取得小国的信任和依赖；小国对大国谦下忍让，就可以见容于大国。所以，或者大国对小国谦让而取得大国的信任，或者小国对大国谦让而见容于大国。大国不要过分想统治小国，小国不要过分想顺从大国，两方面各得所求的，大国特别应该谦下忍让。（"故大国以下小国，则取小国；小国以下大国，则取大国。故或下以取，或下而取。大国不过欲兼畜人，小国不过欲入事人。夫两者各得其所欲，大者宜为下。"《道德经》第 61 章）

以无为、清静之道去治理国家，以奇巧、诡秘的办法去用兵，以不扰害人民而治理天下。（"以正治国，以奇用兵，以无事取天下。"《道德经》第 57 章）

在习惯于将军事实力视为规制国际关系的主要因素的西方人看来，把伦理应用到国际关系中或许显得不现实。但是，历史上这却真实地发生在东方。东方朝贡体系中，宗主国和朝贡国之间相互交换物质利益和政治尊重，作为国际关系规范的这一体系存在了一千多年，国家之间的战争和对抗受到抑制。

正因为不与人争，所以遍天下没有人能与他争。（"夫唯不争，故天下莫能与之争。"《道德经》第 22 章）

依照"道"的原则辅佐君主的人，不以兵力逞强于天下。穷兵黩武这种事必然会得到报应。军队所到的地方，荆棘横生，大战之后，一定会出现荒年。（"以道佐人主者，不以兵强天下，其事好还。师之所处，荆棘生焉。大军之后，必有凶年。"《道德经》第 30 章）

用伦理原则来处理国际关系的这种方式也体现在十五世纪

上半叶郑和下西洋的壮举中。他遵循的原则是"怀柔远人"，这一原则出自皇帝的敕令（"内安华夏，外抚四夷，一视同仁，共享太平"——译注）。这种不干涉主义伦理方式与西方对新发现的国家的干涉主义剥削形成鲜明对比，后者在瓦斯科·达·迦马（Vasco da Gama）的海上探险——十五世纪末期在（郑和所到过的）同一个印度洋上——中表现得淋漓尽致。

5　自我保存：受限的东方与扩张的西方

东方是如何逐渐拥有基于无极的宇宙论，而西方却拥有基于存在的宇宙论的呢？为什么东方有道而西方有上帝呢？除了基于信仰（宗教的）解释，人们还可以提出基于背景的理论——换句话说，出于自保目的的、人类与环境之间的互动。

保存自我的努力乃是德性的首先的唯一的基础。因为先于这个原则，我们不能设想别的基础，而没有这个原则，我们又不能设想任何德性。[1]

自我保存：人与环境

后文艺复兴时代的西方将其文明归功于大西洋，但是这个时期只是"复兴"，亦即再生。西方文明的第一次出现是在地中海，其中两个核心元素——犹太教与基督教以及希腊罗马文化——都

---

[1]　此句借用自斯宾诺莎：《伦理学》，贺麟译，商务印书馆2014年版，第197页。

是在地中海附近产生的。希腊哲学的繁荣之所以可能，是因为希腊城邦长时间的激烈竞争；而罗马法则诞生于伴随其非同寻常的扩张性活动而来的冲突。

西方文明的诞生大概与东方文明处于同一时期，后者曾经历了列国之间长达五个世纪的激烈竞争和不间断的战争。在春秋时期（公元前 770 年~公元前 476 年），周天子维持名义上的称号，而实权则属于强大的诸侯国。在战国时期（公元前 475 年~公元前 221 年），仅剩的周朝王权已经消失殆尽，因为各路诸侯开始巩固自己的王国，且自称为王，上僭周天子。列国间的相互竞争提供了哲学繁荣的肥沃土壤；这个现象在东方被称为"百花齐放，百家争鸣"。

东方哲学所有重要的流派——包括儒家、道家、法家、墨家、阴阳以及孙子的《兵法》——都是在这个时期发展起来的。就像各种前苏格拉底时期的哲学家游走于各个城市之间宣扬其学说一样，孔子、孟子、孙子等人也都周游列国。同样的事发生在现代欧洲，马基雅维利、霍布斯、伏尔泰等人也在不同国家间游历。

众多实体——希腊城邦和中国的诸侯国——之间激烈竞争的这两个伟大时期以及彼时东西方的诸种哲学的争鸣繁荣，在1500 年之后出现了与之媲美的时代，即西方的现代时期，彼时众多民族国家相互竞争，为新思想的诞生提供了肥沃的土壤。

因此，在东方和西方，伟大的导师和宗教领袖如老子（道家创始人）、孔子、苏格拉底、佛陀、耶稣和穆罕默德相继出现，摩西犹太教是在公元前 516 年所罗门神殿重建之后具备成文形式的。东西方关键的差别是，西方在扩张性的海洋环境中，强调的是宗教和法律；而在东方受限制的农业环境中，则依靠教育和伦理以求保存自我。

就是在这个时期，人类在植物栽培和动物饲养方面有了巨大进步。产量的增加让人口聚集达到了一个关键的密集程度，造成了大量新的道德和社会政治问题。对于这些问题，最终东方以伦理学做出回应，而西方则以法律来解决，但两种解决办法有一个共同的指导原则——那就是自我保存。核心差别在于是否存在超自然的存在或者上帝。

自我保存概念：东方无为与西方信仰

东方思想家警告不要将相对真理错当作绝对真理，扩张性的西方心态则鼓励人们将其真理当作绝对真理。在受限的大陆性东方世界，教条（dogmas）被认为是不自然的和人为的，因为它扰乱社会和谐。在道家文献中，人类一再被警告"不要做任何人为的、不自然的事情，因为它违背天道"（"为道日损……无为而无不为。"《道德经》第 48 章。"为无为，事无事。"《道德经》第 63 章）。这个概念是无为哲学的核心特征。人们相信相对真理，并珍视它；人们不能宣称绝对真理。无为哲学所赞成的不可言喻性原则支撑了东方思想体系，这个体系最终更好地服务于东方人的自保目的，因为他们生活在受限的环境中。

在西方，启示、坚信、信念、信仰都是为行动辩护所需要的东西。西方人在古希腊哲学基础上寻求知识、本质和真理，这的确促成了有积极作用的知识积累，以及科学的发展。与此同时，人类能够获得真理的观念——即对不可言喻性的否认——也促成了西方各种骇人意识形态的创立。非常有意思的是，随着西方逐渐变得受限，现在对教条的崇信也正从西方消失。在这样的环境中，教条会带来毁灭，而不是利益。

也许存在争议的是，生存斗争的最极端案例体现在犹太人身上。他们遭受了数不清的占领、俘虏、放逐，因而产生了相应的极端信仰体系。究竟是上帝选择了犹太人，还是犹太人选择了上帝，这仍然是很多思想家争论不休的话题。但重要的是诞生了新的信仰体系，其中，礼拜、牺牲、仪式和日常生活的每个细节都受上帝的法则的规制，不允许任何偏离和违反。如此这般，自我保存的这种极端案例或许就是人类历史上第一个系统和强大的一神教——犹太教——出现的背景。

同样，支配地中海世界一千多年的古希腊和罗马在古代经历了最成功、最繁荣的时期。他们需要世界上的所有神祇来确保他们在开放的、扩张性的环境里永不停歇的掠夺和在战争中获取胜利。胜利带来财富和名誉，诸神为他们提供取得胜利所需要的信念和信仰。这时，一种离心力占据了上风：人们渴望走出去，探索和征服成为其首要目标。在扩张性的世界，人类需要神灵来强化其内心欲望，并使之正当化。

诸神凌驾于自然之上，因此，人通过将自己与诸神相连，也变得凌驾于自然和其他人即那些异教徒之上。在过去，只要西方继续冒险进入扩张性的世界，这种坚信或者信仰就会受到

（上帝的）人格化的支撑，并持续占有优势地位。从希腊罗马时代到现代西方殖民主义时代，这一机制一直都占主导地位。大发现时代传教士和征服者的宗教热情是众所周知的，这些人坚定地相信，他们的使命是要实现上帝的神圣命令。

East and West:
Taoism Versus Judaism

第三章

东方的阴阳与西方的善恶

东方互补性体现在阴阳哲学上。从表面上看，阴阳论似乎和西方二元论（dualism）——与一元论或多元论相反——类似。的确，阴阳论认为世界上的万事万物都包含两个元素或者两个方面：阴和阳。在此意义上，阴阳论的确和西方的二元论有些共同点。西方二元论假定存在两个不可调和的元素，如善与恶、心智和物质，或者上帝和自然，并授权给一方以胜过另一方。因此，在西方二元论中，二分法和授权形影不离。

另一方面，阴阳论认为构成整体的两个要素来自同一个根源，而且相互之间可以转化。在此意义上，阴阳论并不排斥宇宙的一元论特征。与此同时，阴阳论假定从初始的阴阳组合中可以产生多种多样的形式和组合。在这个意义上，阴阳也并不否认西方的多元论。

虽然东方的阴阳论和西方二分法式的二元论有相当的可比性——因为两者都认为宇宙万物都有两个对立的部分或者原则——但阴阳论和西方二元论的最大区别在于，前者认为两个对立面是互补性的，而后者则认为它们是矛盾的。东方互补原则和西方矛盾原则的这种对立体现在两大文明的几乎所有方面。

1　阴阳：互补性哲学

东方人在阴阳框架下看待所有自然现象：夏天和冬天、白天和黑夜、男人和女人、月盈与月缺、生与死，等等。正如这些对立范畴所显示的那样，宇宙中的一切都有对立面，否则就没有办法存在。阴创造了阳，阳激活了阴；如果没有对方，各自都没有意义。由太极图——表达阴阳升降往复的圆形图——所体现出的这个概念支撑了所有东方哲学。万物背阴而向阳，并且由于阴阳二气的互相激荡而形成新的和谐体（"万物负阴而抱阳，冲气以为和。"《道德经》第42章）。

自然与阴阳图

阴阳互补哲学与《易经》的转化哲学是密不可分的。《易经》把阴和阳作为它对其转化哲学进行动态管理的操作符号：阴阳的本质处于永恒的流动中，却没有任何目的论意义。

阴阳互补哲学是理解东方文明中人与自然关系的关键，这种基于道家的东方立场与西方的神学教义形成对比。"阴""阳"这两个汉字最初指的是山被太阳照射的一面（阳）和太阳照不到的一面（阴）。对此原则的描述首次出现在公元前十四世纪的中国，是无需求助于超自然存在而对宇宙之前提进行的一种解释。阴阳哲学在公元前最后一千年里进一步发展，并渗透到中国所有的思想流派，最重要的是道家。《道德经》把阴阳互补原则描述为自然的根本特征。

在阴阳概念被确定下来的这一时期，西方仍然受多神论的支配。诸神的人格化特征形成了与东方文化的纯粹自然特征截然不同的深刻对比，在这一点上，希腊罗马多神教比犹太教和基督教等一神教更加明显。在人与自然的关系上，多神教和一神教的差别微乎其微：两者都基于人与自然的区分、身和心的区分和人对自然的优越性、精神对身体的优越性。

在西方，人与自然的区分对应于身体与精神的区分。归根结底，它们其实是一回事，因为上帝代表了精神。上帝等同于精神，这个等式导致后来不可避免地把自然和身体等同起来。这种二分法式的观点构成一个贯穿西方文明方方面面的普遍主题。

> 现代西方的二元论世界观（精神/物质，心志/身体，心理/生理，神圣/世俗，创造者/创造物，上帝/人，主体/客体）与中国的整体性思维模式截然对立。具有讽刺意味的是，欧洲理性主义去精神的（dispirited）和去自然的（denatured）后果与儒家的人文主义有机体视野相差甚远。虽然启蒙运动对工具理性的信仰——受到对自然进行探索、了解和征服的浮士德式动力的推动——促使科学和技术取得了令人瞩目的成就，但它也成为帝国主义支配和殖民主义剥削的正当理由。[1]

阴阳概念体现了东方的互补哲学。但是，阴阳图形的首次

---

[1] Tu Weiming, "Implications of the Rise of Confucian East Asia," Daedalus (Winter 2000): 201.

出现并不是在东方，而是在公元五世纪的西方，尽管阴阳哲学在公元前1000年时就已成为东方思想体系中无所不在的元素。关于这一点，人们可以在回溯到公元一世纪中期的某个涂瓷釉的铜牌上发现凯尔特人的阴阳图案。[1]

---

〔1〕 一定不要将阴阳概念与它的符号太极图混淆起来，前者早于后者约1500年。阴阳的基本原则是互补性，这支撑了东方的思想体系，与西方建立在排他性基础上的思想体系形成对比。但是，应该指出的是，东方的阴阳概念和西方的阴阳图都与太阳的运动有关。罗马军团所使用的阴阳主题的盾牌图案可以追溯到凯尔特人的其他工艺品和纪念碑，包括公元一世纪中期的涂瓷釉铜牌，公元前四世纪的镶金铜牌和史前巨石阵，它们不仅与阴阳图案相似，而且都是依据太阳的运动而建成，这种独特的安排抓住了夏至和冬至的规律。

拥有阴阳主题的道家符号
太极图（大约公元十五世纪）

拥有阴阳主题的罗马军团
盾牌图案（公元五世纪）

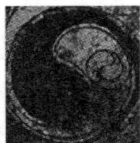

拥有阴阳主题的凯尔特人的
涂瓷釉铜牌（公元一世纪）

拥有阴阳主题的凯尔特人的
镶金铜牌（公元前四世纪）

史前巨石阵
（约公元前3000年）

"这三堆石头的位置不是杂乱无章的……赫勒石（Hele Stone）标志着夏至早晨初升的太阳，另外两堆标志着冬至初升的太阳和在夏至下落的太阳。"（Frank Stevens, Stonehenge Today and Yesterday, Kindle Locations 303-304, Kindle Edition.）

在公元五世纪的时候，罗马军团使用阴阳图案作为其盾牌上的标记。但是，考虑到罗马文化的性质，这种图案的使用并没有涉及对互补性哲学的吸收。

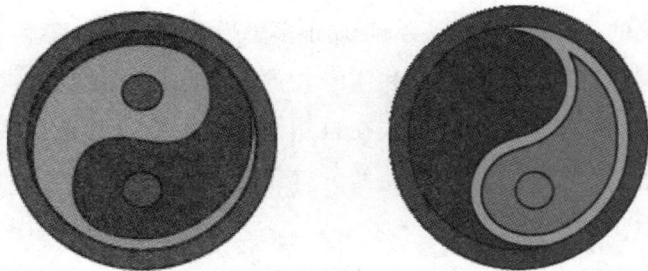

西罗马重步兵团（大约公元 430 年）的盾牌图案

西方的有神论，无论是多神还是一神，都在根本上与阴阳互补哲学格格不入，因为这一哲学否认对自然和人类事务的任何超自然的干预。我们发现西方伊壁鸠鲁派持类似的态度，他们否认对人类事务的超自然干预。但是，就我们所知，这个学派对由神学和形而上学主导的西方主流思想几乎没有什么影响。

人与自然的关系：和谐与区分

阴阳互补哲学在东方文明中扮演的角色堪比基于二分法概念的犹太教与基督教宇宙论在西方文明中扮演的角色。基督教一神论是中世纪的神学支柱、现代的形而上学和后现代主义的意识形态。正如我们即将看到的那样，一神教催生了自由和冲突这对西方孪生概念，而在东方，阴阳思想强化了和谐与统一的态度，无论是道家有关人与自然的关系，还是儒家人与人的关系以及理气论中身和心的关系等。很自然的是，两个原则在各自文化中的作用对比非常明显：在东方，所有思想学派都吸收和接受了阴阳理念；在西方，宗教和形而上学诸学派接受了人格化的一神教，直至启蒙时期很多思想家开始反对它。

阴阳思想为包括道家和儒家在内的所有东方哲学提供了基础，道儒两家都着重强调人在自然面前的谦恭以及与自然的和谐共处。相反，一神教则使西方着重于自我的积极主张和宗教绝对主义。

东方宇宙论的非超自然特征以及它所主张的人与自然的和谐关系尚未被充分地强调过。在阴阳哲学或者任何其他东方思想流派中都没有超自然的或者宗教的隐含意义。这让西方的启蒙思想家们感到困惑，他们感到纳闷的是，一个没有上帝庇佑的国家怎么能如此富裕，一个非宗教的伦理学体系怎么可能建立起来。[1]在整个阴阳哲学中，没有任何神性特征或因素，更不用说超自然实体、心灵（spirit）、神、恶魔、死后的生活等。相反，它始于对自然的观察，亦终于对自然的观察，而阴和阳都是自然的一部分。这种对自然及其显现的关注让东方人摆脱了对超自然实体、奇迹、神学、形而上学和意识形态的思考。当然，东方也存在很多神，如盘古，也有很多人崇拜他们，但是，这些只是被当作有用的文化装饰，而不具有任何严肃的神

〔1〕 Walter Demel, "China in the Political Thoughts in Western and Central Europe: 1570~1750," in China and Europe: Images and Influences in the Sixteenth to Eighteenth Centuries, ed. Thomas H. C. Lee (Chinese University Press, 1991), 45~64.

学或形而上学的含义。

《易经》也是如此。虽然这部经典和中国其他大部分经典偶尔也会提到神（shen，精神、神、鬼、恶魔、神灵或者灵性），但这个词与西方之精神（spirit）有着不同的含义，而且就像"天"（heaven）这个词一样，它没有任何有神论的含义。随着《易经》在公元前最后一千年里从宇宙论和占卜活动演化成一个完整的哲学体系，"天"越来越多地代表与"地"（earth）相对的一个更高的原则。但是，它没有目的论或形而上学的含义，相反，它指代的是崇高和高贵的东西。比如，天命被授予某位领袖，使其成为皇帝；但如果他违反为主之道，亦将会为天所弃。天（高尚原则）、地（世俗事务）和人（唯一行动者）构成了三个最重要的实体。《易经》的三画卦形成后，三画卦中的每一爻各自代表天、地、人。

因为自然本身是最高存在，是人的终极参照物，所以东亚思想认为人类必须密切观察自然现象和人类事务，而不是通过自身与超自然存在的联系而试图控制它们。如果人是被上帝创造出来支配自然的，人与自然的关系就变成了二元论式的关系。在阴阳互补哲学中，人与自然的关系是和谐的。这种将人置于自然环境下的哲学在道家思想里得到了特别的发展。

2　对立面：阴阳互补与一神教冲突

阴阳互补原则是东方哲学最显著的特征，与假定矛盾对立的西方二分法式的二元论形成对比。对阴阳哲学的基本内容有很多可靠的、有用的解释，但是与西方一神教相反，其最主要的特征可以归结为两点：第一点是互补性对立，第二点是包容性视角。

对立面：东方互补性与西方二元论

希腊曾有类似的概念，比如，如前文所述，赫拉克利特的矛盾对立统一概念或者对立项的和谐（the coincidentia oppositorum）概念。在所有前苏格拉底时期的希腊哲学家中，赫拉克利特的哲学或许可以被视为典型的道家（除了一个要素——他应该享受生活而不是成为厌世者）。第欧根尼·拉尔修（Diogenes Laërtius）在其《名哲言行录》中，以赫拉克利特开始第九章，该章包含了赫拉克利特哲学的若干片段。[1]但是，主流的希腊思想体系与赫拉克利特的思想体系截然相反，所以他被那个时期以及后来的西方思想家描述为"令人困惑者""晦涩难解""哭泣的哲学家"也就不足为奇了。说他令人困惑，是因为他在神王（God）的世界里宣扬事实上的道家思想。如果希腊—罗马的主人公们当时知道道家的话，道家肯定也会被他们认为是令人困惑不解的难题。说赫拉克利特晦涩难解，是因为他主张绝对真理的不可言喻性："不管走什么样的道路，都没有人能够找到灵魂的边界，规制它的原则是如此深藏不露。"说他是哭泣的哲学家，是因为他哀叹人类违背了不可言喻性原则，这将导致他们模仿神王从而造成灾难性后果。像道家一样，赫拉克利特

---

〔1〕 Diogenes Laertius, Life of Heraclitus, bk. 9 in The Lives and Opinions of Eminent Philosophers, Kindle edition, Kindle locations 5488~5489.

认识到，永不满足的贪婪和虚荣是人类行为动机的主要源头："存在于世界上的所有人，都远离真理和公正；他们的心中充满了愚蠢和邪恶，这将导致欲壑难填的贪婪和爱慕虚荣的野心。"像道家一样，他建议人们满足于简单淳朴的生活："我非常满足于简单的生活，按最适宜我习性的方式生活。"

不幸的是，赫拉克利特的著作失传了，人们只能通过一些断章残简才能一窥他的思想。或许更重要的原因是不合时宜，赫拉克利特的观点很少进入西方思想的主流，虽然他在世期间，影响力非常之大。

赫拉克利特的书拥有如此高的名望，以至于形成了一个以他的名字命名的学派，赫拉克利特派……他的思想表达清晰精彩，就连最愚蠢的人也能很容易理解，并因此使灵魂得以升华。他的简洁明了和高尚优雅是无与伦比的。[1]

在希腊思想家中，柏拉图和亚里士多德——核心思想是认为精神比身体更加重要——对中世纪神学和现代形而上学产生了最大的影响。柏拉图—亚里士多德思想体系事实上否认了赫拉克利特的一切：转化宇宙论、对立项的和谐、绝对真理的不可言喻性。西方一神教排他性的辩证法与赫拉克利特的对立项和谐以及东方的阴阳包容互补性形成鲜明对比。虽然东方总是很容易接受或者吸收外来的思想，而西方，则显示出一贯的排他性倾向，尤其是在宗教问题上。在这方面，东方的兼容并蓄与

---

〔1〕　Ibid., Kindle locations 5533~5534.

西方一神教的排他性截然相反。

东西方的这种对立态度最清楚地体现在他们对待敌人的方式上。《道德经》和《摩西五经》都非常明确、毫不含糊：前者建议人们友好地对待敌人，而后者建议采取严厉的报复——以眼还眼，以牙还牙。

《摩西五经》：

若有别害，就要以命偿命，以眼还眼，以牙还牙，以手还手，以脚还脚，以烙还烙，以伤还伤，以打还打。（《出埃及记》第 21 章第 23~25 节，和合本第 116 页）

以伤还伤，以眼还眼，以牙还牙。他怎样叫人的身体有残疾，也要照样向他行。（《利未记》第 24 章第 20 节，和合本第 192 页）

你眼不可顾惜，要以命偿命，以眼还眼，以牙还牙，以手还手，以脚还脚。（《申命记》第 19 章第 21 节，和合本第 301 页）

《道德经》：

大生于小，多起于少，用德来报答怨恨。（"大小多少，报怨以德。"《道德经》第 63 章）

自然规律对任何人都没有偏爱，永远帮助有德的善人。（"天道无亲，常与善人。"《道德经》第 79 章）

自然的规律是让万事万物都得到好处，而不伤害它们。圣人的行为准则是，做什么事都不跟别人争夺。（"天之道，利而不害。圣人之道，为而不争。"《道德经》第 81 章）

阴阳这个概念几乎与西方一神教代表的任何东西都正好相

反。正如我们看到的那样，西方一神教显示阳的特征如攻击性和动态变化，而东方宗教显示出阴的特征如顺应和平静。每一套特征都体现出各自文明的潜在特性，但是最引人注目的对比体现在它们对待"对立面"的态度上。西方一神教因为其排他性原则，致力于摧毁异教徒、偶像崇拜者、无神论者和异端分子，所有这些人都被当作上帝的敌人。因此，当罗马帝国在公元四世纪接受基督教作为国教的时候，很多希腊和罗马神庙都被毁掉。

而阴阳哲学却珍视对立面，因为一方不能在脱离另一方的情况下存在。阴阳不是抽象的原则；它们完全是实践性的，是永恒自然的组成部分。因为人是自然的一部分，所以人类事务必须遵循阴阳模式。道家由此将人与自然联系起来，其关注的焦点集中在如何创立基于互惠对立面的社会和政治思想。抛弃善恶二元论自然是其题中之意，而善恶二元论却是西方一神教最根本的、最体现其属性的特征之一。阴阳互补哲学假定对善恶的区分是人为构建起来的，它是一种有助于人们采取行动的强大的心理机制，虽然有助于达成预先设定的目标，但却不可避免地带来将世界一分为二的后果。

被称为"善"的东西不过是投射到世界上的一个规则（道德上的"正直"），这个规则引导我们将世界一分为二，在其中树立起一个对立的范畴（good-evil），并最终使它支离破碎。[1]

---

〔1〕 Jullien, A Treatise on Efficacy between Western and Chinese Thinking, 93.

东方兼容并蓄与西方一神教

使阴阳思想与西方一神教相互对立的第二个特征是其兼容并蓄性（syncretism）。一神教给予信徒一种赋能授权的意识。与此同时，一神教建议信徒针对异教徒（或叛教者）采取二分法观点。

在公元前最后一千年里，当时以占星术为主的阴阳家与儒家、道家、墨家、法家共存。但是，它未能形成一个哲学体系，或许因为东方对超自然的东西持有敌意，不喜欢占卜活动。相反，其他哲学流派，如道家，提出了作为阴阳思想内核的互补性教义。

兼容并蓄性带来的这种吸收现象不仅限于阴阳。道在道家充分形成之前就已经在东方被广泛使用了。道家将重点放在伦理学上，由此强化了东方将阴放在阳之上的趋势。这与西方文化形成鲜明对比，西方文化的重点是神圣的和人类的法律，总是使阳凌驾于阴。

西方的正义与不义以及善与恶等二元论冲突促成了它独特的辩证发展和演化。它导致了激烈的斗争和大规模的流血冲突。西方的善恶二元论占支配地位两千年，使西方人把人类同胞当作"恶魔"，这可以被视为西方文明最为负面的遗产。与此同时，善恶之间的动态互动与历史上宗教和世俗权力之间，以及贵族和君主之间的斗争结合起来，最终促生了这样一些宝贵的概念和机制，如相互制衡、法治、个人自由和民主等。

另一方面，拒绝对善与恶、正义与不义作出绝对的区分让东方文明拥有这样一些文化特征，如更喜欢和谐和稳定，以及惯性和满足等。因为其不可知，道鼓励谦恭和不可言喻性，鼓励接受自然和人类事务中的偶然性和不确定性。

虽然东西方之间的相互吸收和融合正在活跃进行，但两个文明都保留了其本质特征，其差异可以最好地描述为西方为阳，东方为阴。这里如果将东方的阴/不可言喻性和西方的阳/可言喻性这些概念扩展至更广泛的特性、态度和行为，将大有裨益。阴/不可言喻性的支配地位为东方提供了具有持久深度的伦理体系，比如道、仁、信、义、俭、诚、忠、孝等价值和原则被普遍接受，这类似于中世纪西方对宗教教义的接受。东方缺乏人格化的宗教，这使其伦理和政治价值观能够成为东方文明中指导人们行动和行为的唯一原则。

只是到了二十世纪，作为整体的世界才最终开始接受阴/不可言喻性的共存哲学，因为排他性的阳/可言喻性哲学在一个不再具有扩张性的世界里已经完成了自己的使命。自工业革命以来，西方历史和文化对东方一直享有支配地位；这就是为什么人类在试图吸收阴/不可言喻性哲学时面临如此挑战。阴/不可言喻性哲学并没有让东方免于内部斗争和竞争；在东方接受东传的西学之前，它所经历的是以伦理而治（rule by ethics），而不是伦理之治（rule of ethics）。换句话说，统治者常常利用伦理为其统治服务，而不是使他们的统治受到伦理本身的严格限制。事实上，东方受到政府内部没完没了的非军事阴谋和钩心斗角的困扰。但是，撇开这些阴谋不谈，东方总体上更喜欢人与人之间的和谐，由此产生了阴/不可言喻性的文化和伦理学，这些能够而且也应该为我们当今这个受限的世界提供一个参照系。

3 人的行为特征：阴/不可言喻性与阳/可言喻性

东方互补性原则和西方二元论原则产生了人的两种独特和对立的行为模式，可以精确地概述为阴/不可言喻性（东方）与阳/可言喻性（西方）。道家和儒家为东方提供了具有持久深度的伦理体系，完全基于阴/不可言喻特征。道家规定了人与自然的关系，儒家则规定了人与人的关系。道家可比犹太教，儒家可比基督教。但是，从时间先后顺序来看，与从犹太教演化而来的基督教不同，道家和儒家出现在同一时期：两者都诞生于公元前六世纪前后。而且，与犹太教和基督教的关系不同，道家和儒家是互补性的和包容性的。东方人格化宗教的缺乏让这些价值观得以成为指导人们行动和行为的唯一原则。在东方，整个伦理体系就建立在体贴他人的原则（忠恕之道）上。

大道不会疏远排斥任何人。如果有人想实行大道却疏远排斥别人，那是不大可能实行大道的。能够做到忠和恕，就不会违背大道。不愿意施加到自己身上的事，也不要施加到别人身上。（"道不远人。人之为道而远人，不可以为道……忠恕违道不远，施诸己而不愿，亦勿施于人。"《中庸》第13章）

我不想别人强加于我，我也不想强加于别人。（"我不欲人之加诸我也，吾亦欲无加诸人。"《论语·公冶长篇》）

只是到了二十世纪，随着西方完成从战争到商业的范式转变，这个世界才最终选择更喜欢文斗（pen）而不是武斗（sword），因为刀剑已经"演完"了自己在扩张性世界里的"戏份"。在扩张性的西方环境中，以宗教为后台，阳/可言喻性特征占上风。在西方，阳/可言喻性特征支配了人与人和国与国的关系，导致崇尚自我——即个性凌驾于任何关系之上。这些特征支配了西方法律的基础，代表了被视为理想的西方的可言喻性领袖。与之相反，在受限制的大陆东方，在教育的支持下，占奠定地位的品质是阴/不可言喻性。在那里，与他人之间的关系比自我主张更重要，这为一个建立在伦理而非法律之上的社会奠定了基础。这些特征体现在东方"不可言喻的"领袖（君子）的理想人格里，它与西方"可言喻的"领袖形成对照。人们能够设想出如下一套阴/阳或不可言喻性/可言喻性的范畴，来描述东西方的不同行为特征：

顺应性与独断性

包容性与排他性

静态与动态

整体性与辩证性

建议与指令

内向与外向

综合与分析

顺应性与独断性（Receptiveness vs. Assertiveness）

阴/不可言喻性隐含着顺应性；阳/可言喻性隐含着独断性。

不可言喻性依靠基于智慧的伦理学；可言喻性依靠法律和武力，它要求人要自信独断。伦理文化自然提倡顺应性，而法律文化鼓励独断性。确实，道家和儒家都推崇前者，而西方宗教则赞美独断性和指示（教徒）施行咄咄逼人的劝诱改宗。西方思想强调独断性的重要性，"你们是世上的盐。盐若失了味，怎么能叫它再咸呢？"（《马太福音》第5章第13节，和合本第7页）"你们是世上的光……就照亮一家的人。"（《马太福音》第5章第14~15节，和合本第7页）我们发现道家强调正好相反的东西：顺应性。"揉和陶土做成器皿，有了器具中空的地方，才有器皿的作用。开凿门窗建造房屋，有了门窗四壁内的空虚部分，才有房屋的作用。"（"埏埴以为器，当其无，有器之用。凿户牖以为室，当其无，有室之用。"《道德经》第11章）顺应性促生更加灵活但非积极主动（proactive）的社会："遍天下再没有什么东西比水更柔弱了，而攻坚克强却没有什么东西可以胜过水。弱胜过强，柔胜过刚。"（"天下莫柔弱于水，而攻坚强者莫之能胜，以其无以易之。弱之胜强，柔之胜刚。"《道德经》第78章）

这两种态度形成对照，一如阴/不可言喻性和阳/可言喻性。因此，一方并不比另一方更好或更坏。它们不过是与特定民众生活和行动的环境背景是否相关罢了。这种顺应性与独断性的对立甚至体现在日常对话中。东方人强调和看重聆听他人的能力，而西方人强调和称赞说话与表达自己想法的权利。在此背景下，人们就能够理解孔子和道家如下的话语了："巧言令色，鲜矣仁！"（《论语·学而篇》）"刚、毅、木、讷近仁。"（《论语·子路篇》）"真实可信的话不漂亮，漂亮的话不真实。善良

的人不巧说，巧说的人不善良。"（"信言不美，美言不信。善者不辩，辩者不善。"《道德经》第 81 章）

包容性与排他性（Inclusivity vs. Exclusivity）

在受限的环境中，排斥他人是没有道理的，因为这将导致毫无益处的冲突和摩擦。维持对他人的包容性态度有助于自我保存和保护自我利益。但是，在扩张性环境中，人们必须不断冒险进入未知的领域，为了自保，区分彼此就不可避免。东方通常更容易接受和吸收外来思想，而西方，尤其是在宗教问题上，显示出了一贯的排他性倾向。

在西方，所有宗教派别和意识形态都宣称自己是绝对真理的守护神。事实上，东方的宗教宽容与西方的不宽容形成鲜明的对比。比如，16 世纪天主教和新教之间的宗教战争摧毁了欧洲的大部分地区，其高峰就是三十年战争。然而，恰恰在西方这个野蛮血腥的派别冲突时期，中国皇帝康熙颁布了"宽容赦令"（公元 1692 年），解除禁令，允许来华的欧洲传教士自由传教。通过拒绝绝对主义，东方文化鼓励、提升温和与惯性。通过接受绝对主义，西方文化在最近之前一直都本能性地转向积极行动主义和极端主义。二十世纪政治意识形态的冲突便体现了热衷极端主义的这种趋势。东方对待其他宗教和信仰的包容态度使其免于不必要的意识形态冲突，但也同时使之丧失了大发现时代之后西方的那种活力。

东方主要思想流派的兼容共存是东方包容性的很好例证。与犹太教和基督教冲突不断的关系相反，道家和儒家维持了一种互补性关系：道家在生活中扮演阴性（不可言喻性）角色，儒家则扮演阳性（可言喻性）的角色。当人们参与公共生活时，他就遵从儒家；在私人生活中，则倾向于遵从道家。佛教成为唐朝（公元 618~907 年）的官方宗教，但这根本没有影响该朝代采取基于儒家经典的科举制度。威尔斯（H. G. Wells）如此描述东方这个源于包容精神的宽容特征："穆罕默德在公元 628 年派遣使臣从海上来到唐朝，携带有'真主预言'的口信，这很可能与送到拜占庭皇帝赫拉克利乌斯（Heraclius）和泰西封（位于今天的伊拉克——译者注）的卡瓦达（Kavadh in Ctesiphon）的口信相同……但是，中国君主既没有像赫拉克利乌斯那样忽略这个口信，也没有像弑亲者卡瓦达那样侮辱来使。他热情招待来使，表达了对其神学观点的浓厚兴趣，据说还帮助他们在广州为阿拉伯商人建造了一处清真寺——这个清真寺留存至今，是当今世界上最古老的清真寺之一。"[1]

静态与动态（Equanimity vs. Dynamism）

阴/不可言喻性强化静态；阳/可言喻性强化动态。东方文化提倡反思、谨慎、善解人意、注重长期后果、内心平静以及团体和谐而非个人自由。另一方面，西方文化则提倡行动、果敢、自信、注重短期效果、看得见的成就、（个人）自由而非和谐。这些品质提升了个人和国家的动态活力。分隔（seperation）导致个人之间的竞争性动态变化；统一则产生整体论，这反过

---

[1] H. G. Wells, The Outline of History, vol. 1（New York：Doubleday, 1949），464.

来又促生静态。

上帝和道都是永恒性的，但上帝是绝对的，道不是。道保持其不可言喻性，拒绝任何绝对性的定义。相反，上帝让其代理人牧师来给出可接受的定义。结果，断言、绝对主义和使命感支撑了西方文明，而和谐、惯性、静态意识支撑了东方文明。道家鼓励安静平和，基督教则鼓励积极行动主义和绝对主义。请看《圣经》："凡在人面前认我的，我在我天上的父面前也必认他。凡在人面前不认我的，我在我天上的父面前也必不认他。"（《马太福音》第 10 章第 32~33 节，和合本第 19 页）

显然，消极的或无为的态度从来不会导致英雄主义，所以英雄必须是积极的和果断的。另一方面，圣人的首要行动原则是不干涉、不介入。东方伦理学的起点是把欲望视为社会麻烦的主要根源。在大部分时候，人们采取行动就是实现自己的欲望；而这些行动必然与他人的行动发生冲突。因此，采取不干涉态度和保持耐心能够比积极行动更有效地为东方伦理做贡献。在依靠法律和武力统治的扩张主义世界，则是积极行动主义占上风。

道家和儒家都不断警告过度的行动或攻击性。老子写到，"委曲便会保全，屈枉便会直伸；低洼便会充盈，陈旧便会更新；少取便会获得，贪多便会迷惑。"（"曲则全，枉则直，洼则盈，敝则新，少则得，多则惑。"《道德经》第 22 章）他还写到，"勇于坚强就会死，勇于柔弱就可以活……自然的规律是，不斗争而善于取胜；不言语而善于应承；不召唤而自动到来，坦然而善于安排筹划。"（"勇于敢则杀，勇于不敢则活……天之

133

道，不争而善胜，不应而善应，不召而自来，绰然而善谋。"
《道德经》第73章）

　　当然，《圣经》和道家都推崇谦恭和妥协，他们都提供安慰。《圣经》宣扬："虚心的人有福了……哀恸的人有福了……温柔的人有福了……人若因我辱骂你们，逼迫你们，捏造各样坏话毁谤你们，你们就有福了。"（《马太福音》第5章第3~5节，第5章第11节，和合本第6~7页）道家提出："受到宠爱和受到侮辱都好像受到惊恐，把荣辱这样的大患看得与自身生命一样珍贵……所以，珍贵自己的身体是为了治理天下，天下就可以托付他；爱惜自己的身体是为了治理天下，天下就可以依靠他了。"（"宠辱若惊，贵大患若身……故贵以身为天下，若可寄天下；爱以身为天下，若可托天下。"《道德经》第13章）

　　但是，在西方，除了谦恭和妥协外，还常常强调积极的态度。比如，《圣经》在种子和酵母的寓言中如此强调积极行动主义：做种子，像生长起来结实百倍的种子一样行动，像酵母，有妇人拿来藏在三斗面里，直到全团都发起来。（《路加福音》第8章第5~8节，和合本第118页，第13章第21节，和合本第135页）同样，《圣经》鼓励劝诱人们改宗："你当为哑巴开口，为一切孤独的申冤。你当开口按公义判断，为困苦和穷乏的辩屈。"（《箴言》第31章第8~9节，和合本第1046页）

　　道家和《圣经》都建议人们要警惕物质财富。但是，《圣经》更进一步强调一种积极主动的态度。"不要为自己积攒财宝在地上，地上有虫子咬，能锈坏，也有贼挖窟窿来偷；只要积攒财宝在天上，天上没有虫子咬，不能锈坏，也没有贼挖窟窿来偷。因为你的财宝在哪里，你的心也在那里。"（《马太福音》第 6 章第 19~20 节，和合本第 10 页）另一方面，道家总是不停地警惕积极行动主义的后果："金玉满堂，无法守藏；如果富贵到了骄横的程度，那是自己留下了祸根。"（"金玉满堂，莫之能守。富贵而骄，自遗其咎。"《道德经》第 9 章）

整体性与辩证性（Integral vs. Dialectic）

阴/不可言喻性支持整体性转化，而阳/可言喻性则反映辩证性演变和进步。正如我们看到的那样，东方世界在空间上被限制在一个中央平原上，所以整体性态度被自然而然地接受，没有其他选择："如果道是公正的，不公正属于什么？如果道是善，恶属于什么？善良之人珍贵它，不善的人也要保持它。需要的时候还要求它庇护。"（"道者万物之奥，善人之宝，不善人之所保。"《道德经》第 62 章）因为道本质上就是自然，它必须包容一切。而西方之上帝则走了一条不同的道路。由于上帝被宣称为正义的上帝，西方花费了太多的时间和精力试图解决不公正和邪恶等难题。

另一方面，西方辩证法产生的活力有助于法律和个人自由的增长，以及最终民主机制的出现。儒家的根本教导是"爱人"，基督教的教导是"爱邻如己"。它们在本质上是一样的；但是，因为西方的个人主义倾向，基督教的教导往往是分裂的：既有"爱你的邻居"，也有"爱自己"。比如在宗教改革时期，加尔文教派特别强调"爱邻居"，以至于他们认为"爱自己"是罪恶。加尔文教派禁止欢笑、玩乐，除了宗教歌曲之外禁止唱任何歌曲，除了暗色衣服之外禁止穿其他任何服装。康德也相信爱自己没有道德价值，并赞扬爱邻居。但是，东方人会质疑，如果连自己都不爱，又如何能真正做到爱邻居？每种文化最终都得到了它想要的东西：在东方，社会和谐；在西方，个人自由。那么，如果两者互动，会产生什么结果呢？

融合（integration）态度看重人际关系，而辩证法强调个人的个性和自主性。东西方的这种关系和个性的对比反映在人们如何写自己的名字和地址上。东方通常是从笼统到具体，而西方则是从具体到笼统。在西方，人们受到的教导是先写名字，再写街道、城市，最后才是国家。甚至在写名字的时候，西方人都是首先写名，然后才写姓。而在东方，人们先写姓，再写名。同样的逻辑，在提到时间时，西方从日或月开始，然后再说年；而东方则是从年开始，然后再说月，最后才是日。

建议与指令（Suggestion vs. Instruction）

阴/不可言喻更喜欢建议性的方式；阳/可言喻性则发布指示和命令。对于普遍伦理学而言，劝说的效果更好；对于主人伦理学而言，更喜欢发布指令。道家推崇的是："把这个道理付诸于自身，他的德性就会是真实纯正的；把这个道理付诸自家，他的德性就会是丰盈有余的；把这个道理付诸自乡，他的德性就会受到尊崇；把这个道理付诸自邦，他的德性就会丰盛硕大；把这个道理付诸天下，他的德性就会无限普及。"（"修之于身，其德乃真；修之于家，其德乃馀；修之于乡，其德乃长；修之于国，其德乃丰；修之于天下，其德乃普。"《道德经》第54

章）相反，基督教用一种强烈的方式来劝诱改宗："你们不要想，我来是叫地上太平；我来并不是叫地上太平，乃是叫地上动刀兵。因为我来是叫人与父亲生疏，女儿与母亲生疏，媳妇与婆婆生疏。人的仇敌就是自己家里的人。爱父母过于爱我的，不配做我的门徒；爱儿女过于爱我的，不配做我的门徒，不背着他的十字架跟从我的，也不配做我的门徒。"（《马太福音》第 10 章第 34~38 节，和合本第 19 页）

这些表述背后的张力和紧迫性与儒家的安逸态度形成鲜明对比。为了强调其教导，西方毫不犹豫地发出严厉警告："世界的末了也要如此。人子要差遣使者，把一切叫人跌倒的和作恶的，从他国里挑出来，丢在火炉里，在那里必要哀哭切齿了。"（《马太福音》第 13 章第 40~42 节，和合本第 26 页）因为东方的教导方式是建议和劝说，所以道家和儒家都明显缺乏警告和威胁。

内向与外向（Introversion vs. Extroversion）

阴/不可言喻性关注内部管理；而阳/可言喻性则关注对外行动。外向是扩张的西方的本质特征之一。因为相信进步，西方向未知的领域扩张，不停地向外走。相反，东方文化总是建议人们从内部寻找麻烦的根源，称赞内省是美德。道家认为，"能了解、认识别人叫作智慧，能认识、了解自己才算聪明。能战胜别人算有力，能克制自己的弱点才算刚强"（"知人者智，自知者明。胜人者有力，自胜者强。"《道德经》第 33 章）。

而且，遭遇困难或者问题时，东方人首先从内部寻找冲突的根源，而西方人首先试图从外部寻找原因。当今企业的扩张模式通常也表现出同样的差异，这是两种文化之间差异无所不在的证据。西方公司首先通过在很多国家做同样的生意而成为跨国公司，而东方公司则首先在国内成为经营多种生意——包括各种制造业和服务业——的公司，然后再向其他国家扩张。很多美国产业在世纪交替时遵循纵向一体化战略，强盗式资本家是西方扩张模式的典型代表。

我们能够用不同的术语来描述内向—外向这一对立范畴，即（东方的）向心力和（西方的）离心力。这两种运动甚至表现在微不足道的日常环境里，比如，我们可以分析两种文化是如何使用调羹来喝汤的。在西方，人们被教导从碗中间移动调羹到碗边，而东方人的做法正好相反。另一个例子是我们使用手指数数的时候。东方人在数从一到五的时候是摊开手掌依次折回手指头，西方人数数的时候是握紧拳头依次伸开手指头。这些不仅仅是简单的礼仪差别，而是反映了更深层的文化差异。

东方国家通过向心力实现自我保存，而西方国家通过离心运动取得成功，比如扩张和征服。很少有东方国家寻求扩张和征服，因此，大部分都维持着一直以来的版图。应该承认，唐朝初期和 20 世纪的日本帝国——撇开十六世纪后期丰臣秀吉（Toyotomi Hideyoshi，1536~1598）领导下的命运不济的日本冒险之外——都是尝试扩张的例子，不过，它们只是例外情况。中国版图的扩张更多是向心力吸引的结果，而非离心的扩张。比如，蒙古人和满洲人虽然征服了中国，但最终却被中国文化同化了，由此造成中国领土的扩大。道家说，"用强力统治天下，就一定会失败；强力把持天下，就一定会失去天下。因此，圣人不妄为，所以不会失败；不把持，所以不会被抛弃"（"为者败之，执者失之。是以圣人无为，故无败，故无失。"《道德经》第 29 章）。"这就叫作虽然有阵势，却像没有阵势可摆一样；虽然要奋臂，却像没有臂膀可举一样；虽然面临敌人，却像没有敌人可打一样；虽然有兵器，却像没有兵器可以执握一样。"（"是谓行无行；攘无臂；扔无敌；执无兵。"《道德经》第 69 章）

这种内向和外向的对比还表现在体育运动上。东方的所有武术，比如柔道、跆拳道、中国功夫等，都推崇自我控制、自我约束和自我防御；而西方运动，从希腊罗马时期的角斗士之战到后来的拳击和摔跤等，都志在取得胜利、显示对于对手的优势。

综合与分析（Synthetic vs. Analytical）

道家和儒家典籍本质上都是格言警句集，因而缺少逻辑和分析推理。但是，对于传播不可言喻的智慧而言，综合比分析更为有效。因此，虽然东方格言警句或许显得模糊、含混甚至自相矛盾，但它们在其文化背景中很有效地发挥了作用。相反，分析建立在可言喻性基础上，集中在单个的事实或概念上，却有丧失洞察力和整体意识的风险。西方区分自然、心智和身体就是这种思维习惯的典型例子。但是，东方文化既依靠本能，也同样依赖理性。它试图找到万物之间的相互联系，因此它的焦点是个体之间存在的纽带。因此，在东方社会，人际关系更多是通过心照不宣的理解而非清晰明确的解释来维持的。

在处理人际关系时，需要学会的并不是很多知识，而是智慧。与能够逐渐讲授的知识不同，智慧只能通过个人的理解来学习。通常，智慧无法用言词进行充分地表达，而要靠开悟来获得，它伴随着思维过程的飞跃，而不是依赖事实的稳步积累。智慧的获得要求直觉和本能。

因为东方教育集中在智慧上，其教学方法是间接的暗示，依靠学生通过自己的理解去掌握。同样，警句格言是传播智慧的更好方式，这使东方经典的翻译在习惯于分析性语言的西方人看来非常困难。人们能够讲授（teach）知识，但智慧只能靠学习（learn）来掌握。儒家声称："不到学生想求明白而不能明白的时候，不开导他；不到学生想说出来却说不出来的时候，不诱导他。教给他一个方面，他却不能由此推知其他三个方面便不再教了。"（"不愤不启，不悱不发，举一隅不以三隅反，则不复也。"《论语·述而篇》）

直觉不是逐渐获得的，而是遵循"临界质量"（critical mass）机制。人们积累事实、概念和知识，这种积累会经过一个内部反思过程。这一反思过程，与观察和感受相结合，当达到临界质量时，在瞬间闪现的洞察力的作用下，人们就会明白和顿悟。另一方面，西方依靠智慧（intellect）来积累知识，这将让学生能够取得进步或者赢得胜利。在扩张性的世界，对于自保而言，知识更加有用；而在受限的环境中，智慧则被珍视为实现自保的方法。

4 科学：可言喻性（经典物理学）与不可言喻性（现代物理学）

我们已经考察了东西方文明的阴/不可言喻性与阳/可言喻性的对照性特征。对于阴/不可言喻性和阳/可言喻性这些特征，即可以更好地被描述为"不可言喻性—可言喻性"的这些特征，科学会说些什么呢？两千年来，西方科学一直严格遵守阳/可言喻性原则，绝对主义和确定性就体现在欧几里德和牛顿的著作中。多亏了上帝赋予的理性能力，人类似乎处于取得突破性进展的边缘。这些阳/可言喻性的特征，比如确定性、积极行动主义、绝对主义和张扬自信等，都处于自身的顶峰时期。

相对论：从可言喻性到不可言喻性

但是，在二十世纪，西方科学家发现从前的模式已经不够完备了：欧几里德几何学只能适用于弯曲时空的局部区域，牛顿力学只能适用于日常范围的物体或者以有限速度运行的物体。欧几里德几何学以及牛顿经典物理学建立在绝对的时间、空间和因果关系基础上，难怪西方思想家想象宇宙是神创造出来的一台完美机器。西方哲学家把自然科学中的这种"绝对"模式外推至形而上学和意识形态领域。他们创造出了纯粹理性、绝对精神和放之四海而皆准的意识形态。

经典物理学建基于这样一些观念：一个绝对的三维空间，这个空间独立于存在于其间的物体，并遵循欧几里德几何定理；

作为一个独立维度的时间，它亦是绝对的，且匀速流逝，并独立于物质世界。在西方，这些时间和空间观念在哲学家和科学家的脑海中是如此的根深蒂固，以至于它们被认为是大自然的真实且无需质疑的属性。那种认为几何学内在于自然之中，而非我们用来描述自然的整体框架的一部分的观点源自希腊思想。[1]

但是，由马克斯·普朗克（Max Planck，1858~1947）的量子力学——后经尼尔斯·玻尔（Niels Bohr，1885~1962）和沃纳·卡尔·海森堡（Werner Heisenberg，1901~1976）进一步发展——和阿尔伯特·爱因斯坦（Albert Einstein，1879~1955）的相对论所开启的现代物理学证明，经典物理学是不完整的。因此，西方思想中的绝对真理观念不得不被抛弃。爱因斯坦引入了相对（relativity）概念，把时间和空间作为相对的而非绝对的现象联系起来，并用其著名的质能方程式 $E = mc^2$ 展示出质量与能量的当量关系。

按照相对论，空间不是三维的，时间亦不是独立实体。两者密切相连，并构成了"空间—时间"的四维连续区。因此在相对论中，我们谈论空间时，不可能不谈论时间，反过来也如此。由此，涉及空间和时间的所有度量衡都丧失了绝对性意义。在相对论中，作为物理现象发生之舞台的牛顿式绝对空间概念被放弃，绝对时间概念也是如此。在描述自然现象时，空间和

---

〔1〕 Capra, The Tao of Physics: An Exploration of the Parallels between Modern Physics and Eastern Mysticism, Kindle locations 2396~2401.

时间概念是如此基本，以至于它们的修改意味着我们用来描述自然的整个框架也需要修改。这种修改的最重要后果是意识到质量不过是能量的一种形式。甚至静止的物体也有能量储存在其质量中，两者的关系可以用著名的质能方程式 $E = mc^2$ 表示，其中 c 表示光速。[1]

爱因斯坦展示出，"严格的"因果关系以及绝对的时间、空间观念都是不充分的知识。

该理论认为，光不仅仅能被认为是一种波，它还是一种由被称为量子的微小颗粒组成的粒子流。最终从这个理论——一个不存在严格因果关系或确定性的宇宙——中引申出来的隐含意义终其一生都困扰着他……纯粹基于思想实验——在他的头脑中而非在实验室——他决定抛弃牛顿的绝对空间和时间概念。它就是后来广为人知的狭义相对论。[2]

如果自然科学没有放弃绝对真理观念的话，我们今天享受的生活方式将是不可能的。

他的影响遍及当今的种种技术。光电池和激光、核能、纤维光学、太空旅行，甚至半导体都可以追溯到他的理论。[3]

因此，我们现在称为现代物理学的学说诞生于相对性这一

〔1〕　Ibid., Kindle locations 982~992.

〔2〕　Isaacson, Einstein: His Life and Universe, 1~2.

〔3〕　Ibid., 5.

概念。欧几里德几何学和牛顿物理学被证明其可应用性是有限的。时间和空间上的绝对确定性已经不再是真实的了。同样，在量子革命之前，科学家和形而上学家想当然地认同"自然从不飞跃"（nature doesn't make jumps）这个原则。当现代科学家们发现电子的确在基态和激发态之间存在量子跳跃时，他们放弃了这个教条。它们处于一种概率模式（probability pattern）。在量子世界，存在和非存在似乎就像道家假设的那样是可变的："反者道之动，弱者道之用。天下万物生于有，有生于无。"（《道德经》第 40 章）

我们永远不能说原子存在于某个特定的地方，我们也不能说它不存在。作为一种概率模式，原子有存在于多种空间的倾向，因而表现出介于存在和不存在之间的一种怪异的物理状态。[1]

不确定性和互补性原则

海森堡的不确定性原理接受诸如概率、不确定性、偶然和任意性等阴/不可言喻性概念，它们与典型的阳/可言喻性概念——确定性——形成对比。

如此简单却又如此令人吃惊的不确定性原则是钉在经典物理学心脏上的一个刑柱。它声称在我们的观察之外不存在客观现实，甚至不存在粒子的客观位置。而且，海森堡的原则和量

---

〔1〕 Capra, The Tao of Physics：An Exploration of the Parallels between Modern Physics and Eastern Mysticism, Kindle locations 2264~2266.

子力学的其他方面破坏了宇宙遵循严格的因果律的观念。偶然、不确定性和概率取代了确定性。[1]

海森堡的更著名和更具颠覆性的贡献出现在两年后，1927年。在普通大众看来，那是量子物理学最著名和最令人困惑的部分：不确定性原例。海森堡宣称，不可能知道粒子——比如移动的电子——的准确位置和它在同一时刻的确切动量（速度乘以质量）。对粒子位置的测量越准确，就越不可能准确地测量其动量。[2]

同样，玻尔的互补性原理抛弃了冲突和排斥这样的阳/可言喻性概念，而拥抱和谐和包容这样的阴/不可言喻性概念。互补性哲学支撑了量子物理学所观察到的自然的一些根本特征，如偶然性、不确定性、概率和任意性等。

在索尔维会议（the Solvay Conferences）上，他驳斥了爱因斯坦的天才思想实验，他提出人们不可能同时获得关于位置和动量的知识，这至少部分是因为确定其中一个属性时所引起的扰动导致人们根本不可能准确测量另外一个属性。但是，玻尔使用其互补性原理做了一个有着重大意义的补充说明。他指出，两个粒子是同一整体现象的组成部分。因为它们相互作用，两个粒子因此是"纠缠在一起的"。它们是遵循同一个量子函数的

---

〔1〕 Isaacson, Walter. *Einstein: His Life and Universe*, Simon & Schuster. Kindle Edition. P 332.

〔2〕 Ibid., p. 331.

同一整体现象或同一系统的构成部分。[1]

换句话说，没有任何单一的潜在真实（underlying reality）独立外在于我们的观察。玻尔宣称，"那种认为物理学的任务是发现大自然是如何运作的观点是错误的。物理学所关心的是对于自然我们能够说些什么"。这种对于所谓的"潜在真实"的认知无能意味着并不存在古典意义上的严格决定论。海森堡说，"当人们希望从'现在'计算出'未来'时，他只能得到统计结果，因为人们永远无法发现现在的每一个细节"。[2]

有一次当爱因斯坦再次不厌其烦地宣称上帝不会掷骰子时，玻尔用了一个著名的妙语反驳："爱因斯坦，别再告诉上帝该做什么了！"[3]

现代物理学的立场（海森堡的对自然之潜在真实认知无能的论点和玻尔的认为物理学所关心的是对于自然我们能够说些什么，而不是发现自然到底是怎么回事的主张）呼应了道家的基本立场，即不可言喻性：道可道，非常道。

尼尔斯·玻尔在其个人的盾形纹章中使用了东方道家的阴阳图案，上面的格言为"互斥即互补"（Contraria sunt complementa）。长期以来，西方一直认为对立面是矛盾的，但现在西

---

[1] Ibid., p. 452.

[2] Ibid., p. 333.

[3] Ibid., p. 326. 爱因斯坦本人用其相对论挑战了现代物理学的因果定律和绝对的时间空间观念。但是，爱因斯坦在他研究虚幻的统一场论的几十年间不断宣称"上帝不会掷骰子"，试图借此回归经典物理学的确定性原则。就是在这个时期，玻尔说了"别再告诉上帝该做什么了"来反驳爱因斯坦。

方的杰出科学家们相信它们是相互补充的。

尼尔斯·玻尔（1885~1962）的盾形纹章
上面的格言为："互斥即互补"

科学与现代西方思想体系

因此，从经典物理学到现代物理学的转变可以被描述为自然科学从可言喻的思想体系到不可言喻的思想体系的转变。除了相对论和量子力学外，混沌理论也推动了不同于欧几里德、牛顿和笛卡尔所代表的经典物理学旧范式的物理学新范式的出现。构成经典物理学以及现代西方思想体系之根基的、对因果律和决定论式可预测性的绝对信仰，不得不被抛弃。作为现代物理学基石的不可言喻性思想，如相对性、概论、互补性、不确定性等，在哲学领域也正赢得越来越多的认可。

自然科学和社会科学的很多经典思想家认为，绝对性只是在物理学的经典领域仍然具有一定意义。距离仅相当于原子大小（1纳米，大约10^{-9}米）的次原子世界或者速度接近光速的超光速世界（大约 108 米/秒）则属于现代物理学的领域。

西方文明的最伟大优势之一当然是其令人难以置信的科学发展和知识积累。人凌驾于自然之上的西方概念很可能促成了这一独特的西方成就。但是，同样令人好奇的是，西方科学开始挑战西方文明的一些基石，即人类中心主义和上帝的人格化。这一现象出现在西方完成其对世界的征服、将其扩张性世界转变为受限世界的时期。西方科学开始一步一步地接受不确定性、不可言喻性、概率和互补性等不可言喻性特征。

在十六世纪和十七世纪，哥白尼、伽利略和开普勒的西方科学挑战了西方宗教所规定的地心说。达尔文进化论的西方科学在十九世纪摧毁了宗教的创造理论，这是对作为西方文明核心信条的挥之不去的人类中心主义的致命一击。斗争过程是激烈的、血腥的：内在于西方一神教的绝对主义、排他性和极端主义演变成了十七世纪到十八世纪的西方形而上学，最终又转变为十九世纪和二十世纪的意识形态。

在这个微妙的转变中，西方的可言喻性特征不仅被保存下来，而且变得更加强大，因为绝对主义和极端主义得到了形而上学和意识形态的更强有力的支持。建立在近代牛顿物理学基础上的、宇宙是一台完美机器的概念强化了西方的这一趋势。宗教被一种无情和冷酷的意识形态取而代之，该意识形态攻击宗教是麻痹民众的鸦片。随着意识形态时代的到来，人类开始利用当时恰好可资利用的主观主义哲学，以非常微妙但却不可否认的方式来取代上帝。

接下来的突然发作出现在二十世纪，给人类带来了空前的灾难——第二次世界大战。但是，如此大规模的屠杀并没有打击到西方文明的可言喻性特征，比如绝对主义和极端主义。我们太清楚极端的意识形态是如何形塑了两次世界大战。只是通过市场经济、民主和个人自由的联合力量，才让西方的可言喻性特征最终遭遇溃败。在摧毁西方信仰系统中绝对主义和极端主义的这些力量背后，是对宏观宇宙和微观宇宙进行探索的当今西方科学，前者即相对论，后者即量子物理学，其必要条件就是一系列不可言喻性特征，如不确定性、概率、相对性和互补性。

归纳与演绎（Induction vs. Deduction）

牛顿—笛卡尔式的理性绝对主义让人类变得傲慢自大，到了二十世纪六十年代时，西方科学家试图掌握天气的努力仍然很强劲。最终，他们不得不放弃了这些尝试，屈服于大自然的不可言喻性的特征。就像海森堡发现的那样，人们永远不可能发现现在的所有细节。因此，当他们发现辨认出的影响天气的因素越多，迄今为止尚不为人所知的因素也就出现得越多时，他们放弃了掌握天气的梦想。他们不得不接受混沌理论，在某种程度上，混沌理论是认为变化永不停息的《易经》转化哲学的科学表达。《道德经》看似神秘的术语开始充分显露出来：

他向外奔逐得越远，他所知道的道理就越少。（"其出弥远，其知弥少。"《道德经》第 47 章）

　　西方以及世界其他地方最终摆脱了人类的尼采式傲慢的恶魔——梦想出现一个超人以取代上帝。过去两个世纪的科学旅程，如同经历了意识形态时代之严酷考验的西方精神和哲学的旅程一样，显得喧闹和革命性十足。西方相信精神是独立于身体的实体，这种信仰代表了神的本质和人类对完美的渴望，它与形而上学主观主义和意识形态的崛起之间存在清晰的联系。支配了西方两千多年的这种联系最终崩溃。因为这个联系被切断，所有那些神学的、形而上学的、意识形态的绝对主义主张也都烟消云散了。

　　大自然中的人变得基本上依赖经验性，并拥有了归纳性视角。另一方面，上帝创造的人则获得了有关自然——其本身也是创造出的实体——的演绎性视角。东方采取了描述性途径；西方采取了规定性途径。因此，东方思维模式是归纳性的，它或许能够，也或许不能够得出真理或者结论。因此，道仍然是不可言喻性的，人们只能看到其表象（相对真理）。另一方面，西方思维模式是演绎性的，它假定结论或真理已经在那里，就体现在上帝概念中。由此形成了归纳的东方和演绎的西方的对比。三段论、演绎推理、范畴和逻辑之所以在西方发展起来，就是因为它相信真理、结论和决心。他们相信文化。西方的形式逻辑之所以精确，是因为它预设了清晰的结论，而东方的模糊逻辑是大致近似的，因为它只是假设一个部分性结论（相对真理）。因此，形式逻辑、几何学和物理学在西方繁荣发展，而模糊逻辑、代数、算术在东方繁荣发展。

演绎性的西方创造各种模式和制度，并在生活和社会中试验它们。归纳性的东方并不相信模式和制度，因为它们最终还是由人来操控的。相反，东方的焦点集中在伦理学和人类的教育上。经典物理学和科学的发展更多地与几何学和形式逻辑有关，而不是与代数和模糊逻辑有关。在这一方面，归纳的东方和演绎的西方的对比可以表现为东方的模糊逻辑对西方的形式逻辑。现代物理学被称为后牛顿物理学，因为它依赖自然的相对性和不可言喻性，而不是绝对的可言喻性，后者是牛顿经典物理学的基础。难怪有些西方思想家把东方的不可言喻性和互补性与 20 世纪现代物理学密切联系起来。

现在，随着科学和技术进步的飞速发展，我们发现不确定性的领域反而越来越多。就像我们接受欧几里德几何学、牛顿物理学以及相对论和量子不确定性一样，现在到了同时接受阴/不可言喻性和阳/可言喻性特征的时候了。

East and West:
Taoism Versus Judaism

第四章

东方转化与西方创造/进化

东方文明没有类似西方创造神学或者达尔文科学进化论之类的内容。但是，东方的确有坚实的宇宙论以及与之相伴的可比作西方创论的创造神话；也有可比作达尔文进化论的《易经》转化哲学。从词源学上看，"易"就意味着转化或者变化。这个词据说源于太阳和月亮二者的合成，或者太阳出自云翳的形象。《易经》哲学是对自然之转化的研究，它试图为人类和社会提供教训。因此，它将人置于自然的语境下。故而，《易经》转化哲学完全是自然的，彻底摆脱了任何超自然因素的影响。

1　《易经》：转化哲学

"易经"的字面意思就是有关易的书，或者有关变化的书。它是转化哲学，是孔子编纂的五部著作之一（其他四部是《诗经》《礼记》[1]《尚书》《春秋》，其中《礼记》由孔子弟子编纂）。因为其普遍价值和非政治本质，《易经》是儒家五经中唯

---

〔1〕　儒家五经之一的《礼记》被广泛地翻译成"The Book of Rites"。其实更好的译文或许是"The Book of Ethics and Rites"（"伦理和礼仪"），因为它除了谈论社会的各种典礼和仪式外，还用同样的比重谈及伦理。而且，后面这个译法也比前者更容易理解。

一在公元前三世纪免遭秦始皇焚毁的。易的概念在公元前 3000
年出现并被广泛应用，大约过了一千年后，最终在公元前 1200
年清晰成形。周朝（公元前 1122 年~公元前 256 年）的哲学、
行政管理、文学和诗歌都严重依赖它。因此，易的概念成为东
方普遍的转化哲学，赋予东方文明完全不同于西方的特征。

人与自然的关系：转化与创造

就人与自然的关系而言，西方的上帝概念支撑了人对自然
的征服。上帝、人、自然的三角关系与西方的扩张性环境和世
界观是和谐一致的。在西方，上帝的概念在为人与自然的区隔，
以及他对环境和其他人的支配提供正当性时是必不可少的。创
造神学被后来的达尔文进化论进一步强化，因为进化论假定进
化了的人类身处一个被创造出的自然里。下面我们将对西方的
创造论—进化论与东方的宇宙论—转化论进行对比，后者在
《易经》中有着充分的表达，并被纳入道家成为其核心教义之一。

创造故事在东方更多地被当作神话故事，而不是像西方创
造论那样被认真对待。在东方的创造神话里，人和自然的出现
更接近西方的科学进化论，而非西方创造论。十九世纪，达尔
文的进化论令西方震惊，在某种程度上，西方仍然深陷于解释
人类起源的创造论和进化论之间的冲突中。重申一下，因为东
方历史上明显缺乏科学理论和研究，所以东方并没有与进化论
相对应的明确内容。但是，就自然之流动（the flow of nature）
的伦理学和实践意义而言，我们能够将东方转化论与西方进化
论相提并论。

东方转化哲学与西方创造论截然不同，它并没有假设一个"终"或"始"，它假设了永久性变化。没有创造，世界的终结也不存在于东方的转化哲学中。在这样的宇宙论下，管理变得比决心更加重要，对后果的关心优先于实现某个目标，无为成为比英雄的或创造性的行为更招人喜欢的行动模式。

中国从来没有构建有关创世的伟大故事，也不关心如何解释某个造物主的行为促成了世界的形成。中国古代也不存在宏伟史诗，因此也没有像西方那样随着史诗而出现的剧场。中国思想不仅从没有形成对行动的崇拜——无论是英雄行动还是悲剧行动——而且更加极端的是，它从来没有选择通过行动来解释现实。它是将现实解释为一种持续不断的转化。[1]

《易经》似乎在公元前最后一千年里经历了决定性的转化，在此之前基本上是有关神谕和占卜的书。它的 64 卦被贵族们用来在多种可能的发展过程中进行思考和抉择或者预测未来的变化。后来这本书变成了哲学著作，传达自然和人类事务中的智慧。这种转变主要归功于附着在原文上的注释和评论（即《周易大传》）。

老子和孔子似乎都认真地研究过《易经》。道家的格言警句在《易经》哲学中有着深刻的回响，它们的宇宙论也是一样的。据说是孔子写了详细的卦辞，因而在《易经》上添加了儒家伦理学和政治学。通过道家和儒家两派，《易经》的基本教义构成

---

〔1〕　Jullien, A Treatise on Efficacy between Western and Chinese Thinking, 51.

了东方文化的思想基础。

毫无疑问，《易经》是世界文献中最重要的著作之一。其根源可以追溯到上古神话时期，它吸引了亘古至今中国最杰出的学者们的深切关注。在三千年中国文化史上几乎所有最伟大的和最重要的学者都要么从这本书中吸取了灵感，要么对该书的解释产生了影响。因此，或许可以放心地说，数千年久经考验的智慧已经融入了《易经》的创造过程。难怪中国哲学的两大分支儒家和道家能够共享这一根源。该书为很多隐藏颇深的秘密提供了新的启示，如神秘的圣人老子及其弟子的令人困惑的思维模式，以及出现在儒家传统中未经进一步考察就被当作公理接受的很多观点。[1]

《易经》的主要教导是永久的和动态的变化观。这种变化建立在自然秩序之上，这是无法了解的终极原则，它通过永恒的转变而表现出来。这个见解让人全面地、长远地看待问题，这一点在东方比在西方更为普遍。"人无远虑，必有近忧。"（《论语·卫灵公篇》）当意识到变化永不停息时，若不转向新的进化了的价值观，人们就很容易变得平静和安于现状。在围棋等类似游戏中，战略和长远考虑必不可少。战略在西方象棋中也很重要，但若与围棋相比，其战略考虑的范围当然要有限得多。

---

〔1〕 Wilhelm, "Introduction," in The I-Ching or Book of Changes.

无方向性的转化

阅读《易经》激励人们去辨识随机事件背后的隐藏秩序；千年的反思和智慧促进了它的发展。在它们的新形式下，64 卦变得能够通过阴阳的排列组合来解释宇宙的多样性表现。这些排列组合随机地出现在任何时间和任何地点。与西方基于因果律的机械性世界秩序模式不同，《易经》预设了自然中所有这些变化背后并没有严格的因果关系。人类和天地的力量一起，都积极参与到变化过程中。然而，人类仍然无法掌握其内在的变化原则，我们只能轻触这个原则的外部表象。

东方转化论可以总结为三个部分：转化发生于对立面的动态互动；从根本上说，对立面是互补的；变化是任意的，没有方向性。《易经》与阴阳哲学在前两个立场上是一致的；我们已经分析了它们的显著意义。在本节，我们把东方这个概念与西方的创造论和进化论进行对比，其第三个方面—无方向性的转化—与西方截然不同。西方创造论和进化论都接受因果关系原则。

《易经》并不承认创造者的存在，也不使用任何类似创造的术语。它甚至根本就没有提及超自然的存在。宇宙起源本身就是变化的一部分。"太极"和"无极"等说法指的是情形或者状态，而非行动。《易经》没有提到宇宙的终结。因为宇宙是无限的，因而变化是永恒的。既然没有创造者，也就没有超自然力量对人类事务的干预，没有天堂和地狱，没有来自神的惩罚或者奖励。

在东方，自然对人类是冷漠无情的，正如道家定义的那样，"道者万物之奥，善人之宝，不善人之所保"（《道德经》第

62 章）。在东方，没有来自神的奖励或惩罚，只有遵从道所带来的内心满足，违反道所带来的内心的不满足阻碍自我圆满的实现。自我实现在东方人看来与西方人所说的神的奖励类似。因此，西方上帝的奖励和惩罚可以比作东方的祸福概念，只不过，祸福取决于人的行动而非神的干预。

在《易经》中，伦理学开始于正确评估个人的处境，考虑做出适当的决策，并为其后果承担责任。人们不是在善恶之间而是在祸福之间做出选择。善恶概念被包括在更大的祸福概念或者喜欢和不喜欢的概念中。因为没有纯粹的阴或阳，任何一方都很容易转化为另一方，所以并没有摩尼教那样严格的善恶二分法的存在空间。摩尼教的善—光明与恶—黑暗二元论源于公元三世纪的波斯，与信奉善—神对恶—撒旦二元论的犹太教和基督教二分法式宇宙论一样。摩尼教的确传播到了东方，但是还没有真正融入就消失了，因为其关键的二元论立场在根本上与《易经》在东方文明中得到广泛传播和根深蒂固的阴阳互补哲学格格不入。东方的转化和互补哲学产生了旨在结合背景环境找到解决问题的办法的实践伦理学和政治学，这与以绝对的解决办法为目标的神学和形而上学形成鲜明对比。

阴阳不是静态的，而是包含了对方的种子，因此，没有必然的命运，只有自由的可能性和不确定性。

从占卜到哲学

《易经》哲学开始于大约五千年前，最初是用来占卜的。因为其无神论文化，东方人不是前往拜访神庙寻求神谕，而是查阅《易经》。西方也有很多非神谕形式的占卜，从罗马占卜术、泥土占卜到星相学和抽签占卜，但这些做法似乎一直处于神话和占卜领域，而《易经》则演变成为充分发展的哲学。[1]其哲学特征因为诸多评注而愈加丰富。

人们能够在该书中多处发现算卦占卜的痕迹："往西北方向走带来福气，往东南方向走带来灾祸。"因此，《易经》在被引进西方时，有时候被称为占卜书。但是，我们在使用这个术语时应该非常小心。因为《易经》的占卜途径非常不同于西方的神谕概念。后者指的是神对未来事件的预测，而前者为卷入事件变化过程中的人们提供指导，教导他们清晰地评估形势以做出良好决策。好决策将带来福气，而坏决策将招致灾祸。

每个处境都要求与其适应的行动。在每个处境中，都存在正确的行动和错误的行动。显然，正确的行动带来好运，错误的行动带来厄运。那么，在特定情况下，正确的行动是什么呢？这个问题是决定性因素。结果，《易经》被提升到普通算卦占卜书之上的水平。[2]

《易经》作为占卜的工具旨在给特定处境下的人提供直接的建议，它可以被解读为人们在遭遇困难时的指南。《易经》的目标是恢复研读者的全面长远视角，帮助研读者理解变化的必要性。因此，将《易经》仅仅视为占卜书是错误的。东方文化认

---

〔1〕 但是，过去占星术并没有被当作骗术——在十七世纪之前都是令人尊敬的、精巧细致的科学。同样，占卜在古罗马是官方活动。两者都属于神圣的领域。

〔2〕 Wilhelm, "Introduction," in The I-Ching or Book of Changes.

为占卜是徒劳的；一切都取决于人的智慧、判断、决定和行动，这些都是在寻找和适应永恒的变化法则。

因为人类和天地一起构成自己的运气，《易经》建议在转化的起始阶段就采取行动：

因此，个人逐渐参与到塑造命运的过程中。因为个人的行动作为世间事件的影响因素之一参与干预过程，所以越早在《易经》的帮助下认识到处境的初始阶段，行动就越具有决定性。初始阶段是关键，只要事情还处于开始阶段，它们就能够被控制，但是，一旦生长成熟，它们就会获得压倒性的力量，在它们面前，人们就有些无能为力了。[1]

但是，正如十七世纪西方哲学家斯宾诺莎注意到的那样，大多数人容易迷信。他们渴望占卜书，所以《易经》在东方市场上常常被简单地用作算卦占卜之书。这展现出所有文化中都存在的庸俗化现象：儒家的仁、基督教的爱、佛教的涅槃或慈悲。因为《易经》提供的是智慧而不是预测，它警告读者，如果已经知道问题的答案，就不要看了。人们不应该使用它来检验自己的解决办法，因为那样只会造成困惑。相反，只有在人们找不到任何其他线索或者灵感时，才会谦卑地向它求助。

《易经》的卦

简单解释一下人们是如何查阅《易经》的，就能凸显此书

[1] Ibid, pp. 1~3.

的这一方面。它使用虚线（− −）或阴和实线（—）或阳作为基本符号。这些阴爻阳爻排列组合，从而生成八个（2^3）经卦和六十四个（2^6）别卦。每个八经卦都有含义。比如三阳爻乾☰代表天，隐含的意思是强健；三阴爻坤☷代表地，隐含的意思是柔顺。在六十四个别卦中，我们发现一个六阳爻的卦包含两个天，代表强健的最大化；一个六阴爻的卦包含两个地，说明柔顺的最大化。

比如，通过查阅《易经》，如果人们得到六个阳爻，即六十四卦中的第一个，《易经》便告诉我们如下信息：

天行刚健，永恒不息，生生存在，浑然天成。君子整天勤勤恳恳，即使在夜晚仍时刻警惕，谨慎行事。若此，虽有危险，亦不会有灾祸；游龙潜伏深谷之中，似跃而未跃，不会有过失。龙高飞于天，利于大德之人出来治世。龙飞得过高，超过极限有悔。出现一群龙，谁也不自居首领位置。[1]（天行健，君子以自强不息。潜龙勿用，阳在下也。见龙在田，德施普也。君子终日乾乾，反复道也。夕惕若厉，无咎。或跃在渊，进无咎也。飞龙在天，大人造也。亢龙有悔，盈不可久也。用九，天德不可为首也。）

再比如，六十四卦中的第二卦是六个阴爻。如果你卜到这个卦，《易经》会显示如下格言警句：

守持中正有很大优势。它处于源头；领头引路，人容易误入歧途。跟随他人，人能找到道路；蕴含美好的内涵，可以守

---

〔1〕　See I-Ching, chapter 1: "Qian (Heaven)."

持中正，人们找到幸运；易感受性是伟大的，一切都归功于它；不要开始新的创业，试图完成已经开始的事业；低调，不责备他人不称赞他人；君子顺应自然；无限是顺应自然的方式类似于大地；没有牵强，有成就；内在的力量有回报，不炫耀；漫无目的，仍然能有收获；道没有边界，坚持接受性能取得进步，获得良好的结局。[1]（请参阅："地势，坤；君子以厚德载物。履霜坚冰，阴始凝也。驯致其道，至坚冰也。六二之动，直以方也。不习无不利，地道光也。含章可贞，以时发也。或从王事，知光大也。括囊无咎，慎不害也。黄裳元吉，文在中也。龙战于野，其道穷也。用六永贞，以大终也。"还可参阅："《彖》曰：至哉坤元，万物资生，乃顺承天。坤厚载物，德合无疆。含弘光大，品物咸亨。牝马地类，行地无疆。柔顺利贞。君子攸行，先迷失道，后顺得常。西南得朋，乃与类行。东北丧朋，乃终有庆。安贞之吉，应地无疆。"——译注)

尽管有启发性，但是《易经》很不容易使用，因为它的结构和教导仍然古雅难解，尽管它最重要的见解得到当今科学的支持。《易经》关注变化，如果人们找不到所需要的东西，还可以进一步查阅互卦，即把"变爻"换成它的反面，或阴或阳。由此，人们将得到一个新卦，隐含着一套新的建议和视角。简而言之，《易经》所关注的是要采取什么行动。所选择的卦是对人的处境的描述，并为人提供可能的行动路线。相反，西方神谕传统是预测将来会发生什么。这个对比似乎源于西方神学与

---

[1] See I-Ching, chapter 2："Kun（Earth）".

东方转化论之间的差别。

2 西方创造论与进化论

在公元四世纪接受基督教作为罗马帝国的官方宗教之后，创造论在西方盛行了 1500 年而没有遭遇多少挑战。不受质疑的支配地位部分归功于信仰，部分归功于潜在的挑战者担心受到宗教迫害。神创造了世界、大海、陆地和人类——先是男人，后来是女人。

> 起初神创造天地。地是空虚混沌，渊面黑暗；……神说："要有光"，就有了光。（《创世记》第 1 章第 1~3 节，和合本第 1 页）

宇宙的创造：地球中心说和地球时代

犹太教和基督教描述的创造论与主流的希腊罗马文化是一样的，这一点很重要：存在神这个创造者，光产生于神的特殊行动，以地球为中心的宇宙概念。

太阳、月亮和行星被创造出来，以作为创造时间的手段。神点燃太阳的光亮，为的是确定季节的数量，为的是确定动物的数量。月亮是地球之上的最近一圈，太阳是外面一圈，再往外是一些行星圈。[1]

---

〔1〕 Diogenes Laertius, Delphi Complete Works of Diogenes, (Delphi Ancient Classics Book 47), Delphi Classics, Kindle Locations 2691 ~ 2694 (of the section on Plato), Kindle Edition.

《圣经》也详细回顾了从亚当到耶稣基督等重要人物、先知和国王的家族谱系。

> 亚当的后代记在下面……亚当生塞特之后，共活了九百三十岁就死了。塞特活到一百零五岁，生了以挪士……拉麦活到一百八十二岁，生了一个儿子，给他起名叫挪亚……挪亚共活了九百五十岁就死了……他拉活到七十岁，生了亚伯兰。（《创世记》第5章、第9章、第11章，和合本第7~15页）
>
> 亚伯拉罕的后裔、大卫的子孙、耶稣基督的家谱。亚伯拉罕生以撒，以撒生雅各……耶西生大卫王。大卫生所罗门……雅各生约瑟，就是玛利亚的丈夫。那称为基督的耶稣，是从玛利亚生的。这样，从亚伯拉罕到大卫共有十四代，从大卫到迁至巴比伦的时候也有十四代，从迁至巴比伦的时候到基督又有十四代。（《马太福音》第1章第1~17节，和合本新约第1~2页）

因此，在西方，计算地球的年龄和创造日期被认为是可能的。这样的尝试产生了一系列的日期：大约在公元前 5000 年到公元前 3000 年之间。中世纪的详细计算产生了一个确切的创造日期：公元前 3952 年 3 月 18 日。新教改革运动并没有改变西方对创造论的信仰。马丁·路德（Martin Luther，1483~1546）宣称，"我们从摩西那里了解到，地球在六千年前是不存在的"[1]。约翰·加尔文（John Calvin，1509~1564）也宣称"从宇宙创立

---

[1] Martin Luther in Jaroslav Peliken, ed., "Luther's Works," Lectures on Genesis Chapters 1~5, vol. 1 (St. Louis: Concordia Publishing House, 1958), 3.

到现在已经有五千多年"。[1]

创世论神学的第一个挑战来自科学家哥白尼（Nicolaus Co-pernicus，1473～1543）、开普勒（Johannes Kepler，1571～1630）和伽利略（Galileo Galilei，1564～1642）。他们挑战基督教创造论的地心说，提出了基于科学发现的日心说。宗教权威否认和迫害这个新观点，因为它挑战了圣经的无误性。

《圣经》描述的创造神学在西方被作为不可动摇的真理而接受，远远超过宗教改革和日心说被接受的程度。莎士比亚（Shake-speare，1564～1616）在其著作《皆大欢喜》中哀叹，"可怜的世界已经将近 6000 岁了"[2]。甚至牛顿（Isaac Newton，1642～1727）也不例外：他不仅坚定地相信创造论，而且着手证明流行的日期计算，他得出的日期是公元前 4000 年。创造的日期在十九世纪之前在西方被广泛接受。

人类：创造论与进化论

西方对创造论的信仰在十九世纪再次受到挑战。这次，挑战的不仅是关于地球的创造，而且是关于人的创造。查尔斯·达尔文（Charles Darwin，1809～1882）令人信服地指出，人是通过动物演化而成的，而不是简单的创造。达尔文坚定地建立了地球上所有物种都是通过演化而来的学说。

---

〔1〕 John Calvin, Institutes of the Christian Religion 2, ed. John T. McNeill (Phila-delphia: Westminster Press, 1960), 925.

〔2〕 Shakespeare's (1599) line given to Rosalind addressing Orlando in As You Like It (act 4, scene 1, line 90). 创世论在十六世纪时是不容置疑的真理。

虽然许多问题至今仍然暧昧不明，而且在今后很长时期里还会暧昧不明，但经过我能做到的精密研究和冷静判断，我毫无疑虑地认为，许多博物学家直到最近还保持着的和我以前所保持过的观点——即每一物种都是独立被创造出来的观点——是错误的。[1]

达尔文认为，（1）地球上的物种不是被创造出来的而是进化形成的；（2）进化是通过自然选择的手段实现的；（3）自然选择是缓慢的。第一点和第二点是不可否认的伟大发现，但是第三点在十九世纪和二十世纪引起相当多的争议。

但是，与此同时，达尔文也接受上帝最初创造了自然和生命的说法。《物种起源》的最后一句是这样的：

认为生命及其若干能力原来是由造物主注入到少数类型或一个类型中去的，而且认为在这个行星按照引力的既定法则继续运行的时候，最美丽的和最奇异的类型从如此简单的始端，过去，曾经而且现今还在进化着；这种观点是极其壮丽的。[2]

同样，即便人们接受达尔文的进化论，人们仍然不能具体确定地球上生命起源的确切日期。当今存活的数百万物种都是从一个最初的生物体演化而来的吗？这个最初的生物体是怎么

---

[1] Charles Darwin, On the Origin of Species by Means of Natural Selection, or The Preservation of Favoured Races in the Struggle for Life (London: John Murray, 1866), 6. 此句引自达尔文：《物种起源》，周建人、叶笃庄、方宗熙译，商务印书馆 1995 年版。

[2] Ibid., 577. 此句引自达尔文：《物种起源》，周建人、叶笃庄、方宗熙译，商务印书馆 1995 年版。

产生的？它是自然地出现在地球上的吗？它是通过创造行为而存在的吗？虽然自创造论和进化论产生冲突以来，科学取得了难以置信的进步和知识积累，但创造论在西方社会的宗教群体中仍然非常盛行。

"达尔文主义"在 1870 年代被广泛接受时，
时人所绘的长着猴子身体、象征演化的查尔斯·达尔文的漫画

因此，创造论和进化论的冲突在西方仍然没有解决。信仰服务于特殊的目的，应对的是理性和科学无法回答的问题。但是，另一方面，只有依靠信仰，我们才能接受《圣经》中描述的创造神学，因为它不能回答建立在无法否认的事实上的日心说或进化论所提出的论证。西方创造论——即人是被创造出来的，没有经过进化过程——现在被广泛地降归至信仰领域。

人类的进化

肯尼亚古人类学家理查德·利基（Richard Leakey）在他的《人类起源》一书中谈到研究人类的起源对人类未来的重要性：

人类的未来关键取决于两件事：我们相互之间的关系，我们与周围世界的关系。研究人类起源能够为我们看待这两个议题的方式提供重要意义。[1]

人类的进化史几乎和地球本身的历史一样古老：30 亿到 40 亿年。虽然复演论并不对应人类胚胎的实际演化过程，但至少早期胚胎阶段遵循了其他物种的常见模式。我们都知道，胚胎开始于一个单细胞（卵子），接着变成了多细胞有机体，再依次演化成类似于水母、鱼、爬行动物和哺乳动物等多种形式，最后拥有人的形状。

人类演化的历史一直在随着新的科学发现和地质学发现而不断被更新。因此，下面的简要总结只是一种大致的估计。但是，在我们试图对比西方的创造论、进化论与东方的转化论时，我们的头脑中仍要有大致的时间框架和人类演化的重要阶段，这一点将大有裨益。

五亿年前，地球上居住着鱼和原始两栖类动物，我们可以

---

[1] Richard Leakey and Roger Lewin, Origins: What New Discoveries Reveal About Our Species and Its Possible Future (New York: E. P. Dutton, 1978), 256.

称这个阶段为鱼时代。所有鱼都有鱼鳍，每个鱼鳍上都有五根骨头，它们体液中的盐水密度与海水密度一样。从这种生命形式里，人类继承了五个手指和类似的体液盐水密度，这些和体温一起都是依靠奇特的动态平衡机制来管理的。如果3亿年前的两栖类动物拥有六个而不是五个手指，那么人类现在拥有的可能就是六个手指了，因此，很可能使用十二进位制而不是十进制。

鱼时代之后是恐龙时代。首批陆地动物可能出现在3亿5000万年前；在2亿年前到7000万年前之间，恐龙主宰地球。从这些爬虫类动物和鸟类那里，人类获得了爬虫类动物的大脑——脑垂体（R-complex）。这是人类大脑最古老的部分，负责管理基本需要、动力和本能。接着在6000万到7000万年之前，或许因为流星撞击或者突然的气候变化，非鸟类恐龙突然灭绝。

恐龙时代之后是哺乳动物时代。在大约一亿年间，老鼠一样的小型哺乳动物一直过着东躲西藏的生活，吃森林中的种子和昆虫，反过来也被食肉恐龙吃掉。恐龙的灭绝让小型哺乳动物爬上进化的阶梯。有些放弃了地上生活，选择了更安全的树上生活——因而产生了第一批类人猿。

人类从这些哺乳动物身上继承了负责管理欲望、激情和情感的大脑边缘系统。边缘系统被称为"老脑"，与之对应的新脑（neocortex）负责理性思考、解决问题、计划、组织等，这些功能要求边缘系统的刺激。虽然高度发达的新脑是人类独有的，但是，边缘系统在所有哺乳动物中都很常见。它管理的功能就是我们常常描述的人类的动物性特征。

像猴子一样的类人猿在两千万年前面临另一个重要的进化挑战，当时气候变化带来了无树大草原的发展。我们的远古祖先肯定就居住在树林的边缘，不能决定是否要冒险走出树林。最后，就像他们的祖先冒险爬上树生活一样，他们冒险走出了无树大草原，那是基于自我保存的永恒原则。平原迫使和鼓励他们直立行走，经过了数百万年之后，他们的确这样做了，之后开始使用双手，脑部也变得更大了。人类学家称这些中古代祖先为腊玛古猿（Ramapithecus，在印度西瓦立克山区）。

从腊玛古猿再进化成能人（Homo habilis，首次使用工具），接着是直立人（Homo erectus）。这个进化链条似乎发生于非洲。一百万到二百万年前，直立人越过狭隘的陆地边界从非洲进入欧洲和亚洲。北京人（六十万年前）、爪哇人（Java Man，六十万年前）、海德堡人（Heidelberg Man，五十万年前）都属于直立人种。接着出现了智人，这个物种最终取代了直立人。

从智人到晚期智人（即现在的人类）的转变发生在五万年前。晚期智人是智人的附属类别，尼安德特人（Homo sapiens neanderthalensis）、梭罗人（Solo Man）和罗德西亚人（Rhodesia Man）都是其亲属。与智人不同，这些亲属都没有得到繁衍发展，最后都消失了。他们的失败或许是由于生活环境过分专业化。最诱人的问题是，智人本身现在是否也过分专业化了——也就是说，它是否会因为自己的成功而毁掉自己？

3 西方神话：自然从不飞跃和一切人反对一切人的战争

达尔文进化论的价值及其对人类理解的贡献是难以估量的。与此同时，正由于其强大有力的论证，它因在其形成时期漫不经心地纳入了一对被广泛接受的未经审视的概念，而给社会科学带来了巨大的破坏性。

缺失环节与间断平衡论

1860 年，托马斯·赫胥黎（Thomas Huxley, 1825～1895）和塞缪尔·威尔伯福斯主教（Bishop Samuel Wilberforce, 1805～1873）的辩论是进化论与创造神学之间极具历史意义的冲突。赫胥黎为达尔文的进化论辩护，而威尔伯福斯鼓吹《圣经》的创造神学。威尔伯福斯主教嘲讽地询问，猴子是达尔文进化论中人类的父亲一边还是母亲一边？

在形成自己的理论时，达尔文接受了西方文明中的根本教义，即渐进主义概念。事实上，渐进性和生存竞争在一个思想体系中相互要求对方的存在。进步主义同时为冲突和渐进主义提供了的哲学正当性。没有承诺天堂或乌托邦的进步主义，冲突就没有合理性。而进步主义不能在没有渐进主义——对因果律的信仰——的支持下存在。

达尔文坚定地相信缺失环节（missing links）的存在，假定化石证据应该能够显示演化的渐进性进步过程。他认为自然选择积累起微小的、持续的和有用的变化，但并不能带来突然转变。而且，他认为，当今科学已经证明自然从不飞跃（natura non facit saltum）原则的可靠性，因而该原则适用于自然选择理论。

在《物种起源》出版前一天，托马斯·赫胥黎写信给达尔文，强烈警告他不要相信这个观点。赫胥黎说，他愿意为进化论辩护而被烧死在火刑架上，但他不得不指出，达尔文因为接受自然从不飞跃的原则而正招致不必要的麻烦。[1]

在渐进的达尔文进化论和基督教创造论中，飞跃都意味着物种进化过程中的缺口或者创造中的不完美。但是，化石证据显示既没有创造中的完美，也没有渐进的演化，前者是因为存在中间性的生物，后者是因为从一个物种到另外一个物种的转变之间存在着庞大的真空地带。

已故古人类学家史蒂芬·杰伊·古尔德（Stephen Jay Gould）提出了进化论的修改版，称为"间断平衡论"（punctuated equilibrium）。他抛弃了渐进主义，建议我们应该实事求是地接受化石

---

[1] Stephen Jay Gould, "The Panda's Thumb," Newsweek 45 (March 29, 1982): 179~183. See also "Thomas Huxley," Ben Waggoner, University of California Museum of Paleontology, Feb. 1999. 赫胥黎支持达尔文的原话是："必要的时候，我愿意被烧死在火刑架上，我正在心甘情愿地磨尖爪子和喙。"当塞缪尔·威尔伯福斯主教嘲讽进化论，并询问赫胥黎是从哪个猴子进化而来，是父亲一边还是母亲一边的猴子时，赫胥黎回答说："我宁愿是两只猴子的后代，也不愿意做一个害怕面对真相的人。"后来赫胥黎自己对这个故事的讲述是："如果向我提出的问题是，我宁愿要一只可怜的猴子作为祖父，还是选择一个拥有极高天赋才能和巨大影响力，但却动用这些天赋和影响力而仅仅为了把荒谬引入到严肃的科学讨论中来的人作为祖父？那么我会毫不犹豫地确认我更喜欢猴子。"至于"自然从不飞跃"（Natura non facit Saltum）的观点，赫胥黎对达尔文说："你因为如此毫无保留地接受自然从不飞跃的原则而给自己招致了不必要的麻烦。"

证据：物种突然出现或者突然消失，但在它们存在期间，基本维持不变数百万年。[1]这个新理论类似于次原子物理学的量子飞跃理论。正如电子在不同能量状态之间突然移动那样，进化也是跳跃式的，而不是由于缓慢渐进的变化。电子快速从激发态到基态飞跃，然后在大部分时间都维持在基态，一直到下一次飞跃。因此，渐进主义在自然进化中站不住脚。

化石记录并不支持它；大规模灭绝或者突然诞生占支配地位。在登山的时候，我们不能通过记录某个腕足类动物的渐进性变化来展示进化。为了回避这个令人不愉快的真相，古人类学家依靠极度不足的化石记录——记录中所有中间阶段都缺失，而记录本身也只保留了我们地质大书中仅剩的少数几页中的少数几行中的少数几个词。他们接受了渐进主义的正统思想，付出的高昂代价是承认化石记录几乎从来没有表现出他们所正渴望研究的现象。[2]

如果人们接受进化论或创造论中的飞跃，就意味着人们接受不确定性和偶然性，因为人们不知道下次飞跃将在什么时候或者以什么方式出现。伟大的存在之链（the Great Chain of Being）或者自然阶梯（scala naturae）的概念是在中世纪时出现的，它与渐进主义密切相关：世界上所有生物都可以依据其相

---

〔1〕　Stephen Jay Gould, "The Panda's Thumb," Newsweek 45 (March 29, 1982)：179～183.

〔2〕　Stephen Jay Gould, Ever Since Darwin: Reflections in Natural History (W. W. Norton, 1992), Kindle edition, 271.

对于上帝的完美程度进行分类。精神—身体区分是伟大的存在之链的分类基础。

伏尔泰表达了他对自然阶梯概念或者渐进主义的怀疑，他在《哲学辞典》（Philosophical Dictionary）中写道：

> 猴子和人之间难道没有明显的空缺吗？难道不是很容易想象一个没有羽毛的两条腿的动物拥有智慧却没有人形或者不使用语言——我们能够驯服，能够听从我们的指令，为我们服务的？再次，在这个物种和人之间，我们不能想象其他动物吗？[1]

但是，朝向精神完美的渐进等级体系的视角在十九世纪时仍然在西方人心中根深蒂固，他们无法接受飞跃、偶然性和不确定性概念。这些阴/不可言喻性概念等同于不可知论，这是对基督教的诅咒。因此，渐进论是达尔文提出其理论的概念框架。但是，自然选择的渐进论现在已经丧失了大部分支持。史蒂芬·杰伊·古尔德写到：

> 但是，我相信渐进主义不是排他性地绝对可靠（事实上，我认为它很罕见）。自然选择不包含速度命题。它既包括小族群物种形成这种快速变化（地质学上的即刻变化），也包括整个世系的常规且无限缓慢的转变。[2]

---

〔1〕 Voltaire, Voltaire: Oeuvres complètes—109 titres et annexes（Nouvelle édition enrichie）（French Edition）（Arvensa Editions）, Kindle edition, Kindle locations 76394~76397. 此句引自伏尔泰：《哲学辞典》，王燕生译，商务印书馆1991年版。——译注

〔2〕 Gould, Ever Since Darwin: Reflections in Natural History, 271.

社会达尔文主义和适者生存优胜劣汰

从达尔文到现在的一个半世纪里，他的渐进主义——包含着对生存斗争的暗示——给世界带来巨大的破坏，因为它一再被包括社会达尔文主义等在内的极端意识形态广泛使用和滥用。如果没有达尔文渐进主义，所有这些强调进步的意识形态都将失去可靠的基础。卡尔·马克思在得知达尔文理论后狂喜不已，他在写给恩格斯的信中表达了他的热情。

达尔文在动植物界中重新认识了他自己的英国社会及其分工、竞争、开辟新市场、"发明"以及马尔萨斯的"生存斗争"。[1]

后来，在写给斐迪南·拉萨尔（Ferdinand Lassalle）的信中，马克思写到自然选择理论为其哲学提供了基础，因为它使阶级斗争成为不可避免的历史步骤。[2]同样，希特勒在《我的奋斗》中说，进化理论赋予国家一种责任，要依据管理宇宙的永久法律来培养最优秀和最强大者，同时限制坏蛋和弱者。[3]

达尔文进化论中也内在地隐含着"一切人反对一切人的战

---

〔1〕 Stephen Jay Gould, The Panda's Thumb: More Reflections in Natural History (New York and London: W. W. Norton, 1980), 68. 马克思觉得自己的研究与达尔文的研究是完美的对应物。请参阅：Gould, Ever Since Darwin: Reflections in Natural History 26. 马克思还写信给恩格斯说，达尔文的书"包含了支持我们的观点的自然历史基础"。

〔2〕 Le Monde, May 17, 1984.

〔3〕 Adolph Hitler, Mein Kampf, vol. 1, trans. James Murphy (London, New York, Melbourne: Hurst and Blackett, 1939), chap. 11, paragraphs 7~11.

争"（bellum omnium contra omnes）的概念，达尔文在《物种起源》中解释说：

在下一章将讨论"生存竞争"，它存在于世界上所有有机体之间，这些有机体不可避免地遵循按几何级数增加的规律。这是应用于所有植物和动物王国的马尔萨斯理论。[1]

达尔文提到的托马斯·马尔萨斯（Thomas Malthus）的《人口论》和达尔文自己的《物种起源》都遵循马尔萨斯的框架。马尔萨斯（1766～1834）曾经指出，人口增长总是超过生活资源和空间的增长，因而使得竞争不可避免。

与"自然从不飞跃"所体现的渐进主义一起，"一切人反对一切人的战争"所代表的以冲突为核心的自然成为现代西方哲学的两大支柱之一。达尔文这样描述从不终结的、时刻不停息的自然选择：

自然选择在世界上每日每时都在仔细检查着最微细的变异，把坏的排斥掉，把好的保存下来加以积累；无论什么时候，无论什么地方，只要有机会，它就静静地、极其缓慢地进行工作，把各种生物同有机的和无机的生活条件的关系加以改进。[2]

达尔文对进化机制的深刻描述未必就意味着从不停止的适

---

〔1〕 Darwin, Origin of Species, 4.
〔2〕 Ibid., 95. 此句引自达尔文：《物种起源》，周建人、叶笃庄、方宗熙译，商务印书馆1995年版。——译注

者生存斗争就是一切人反对一切人的战争。进化过程可能并非是一个非零和游戏。正如理查德·道金斯（Richard Dawkins）在《自私的基因》中所说，"达尔文的'适者生存优胜劣汰'事实上是特例，而非稳定者生存的普遍法则"[1]。但是，在达尔文时期以及此后的几十年里，对生存斗争的解释通常都是在零和游戏的背景下进行。这是错误的。这个错误的原因很大一部分应归咎于当时的两大流行原则：自然从不飞跃和一切人反对一切人的战争。如果你将这两个原则结合起来，你就得出非零和游戏版本的生存竞争。

渐进主义与因果关系

自然从不飞跃是在十九世纪被普遍接受的概念，被认为是再自然不过的事，因为意识形态时代就建立在进步主义和渐进主义之上。[2]同样很自然的是，大部分相信自然从不飞跃的人都接受创造论：因为上帝创造自然，因为上帝的操作没有任何

---

〔1〕 Richard Dawkins, The Selfish Gene: 30th Anniversary Edition（Oxford University Press, 2006）, Kindle edition, 12.

〔2〕 Ibid. 还可参阅第 232 页："我感到吃惊的是生物是如何罕见地能够被命名的，不知道它是经历了什么样的过渡阶段到达（现在这个状态）的。这个说法的真实性事实上体现在'自然从不飞跃（Natura non facit Saltum）'的自然史准则中……自然为什么不能从一个结构飞跃到另一个结构呢？根据自然选择理论，我们很清楚为什么它不能，因为自然选择只能利用细微的连续变化来发挥作用。它从来不能飞跃，而只能用最短的和最缓慢的步伐前进。"还可参阅 544 页："毫无疑问，甚至猜测许多结构究竟是通过什么样的渐变而变得完美的都是极为困难的，尤其是衰老的或者处于衰退中的生物群的话，困难就更多了。但是，我们看到自然中有如此多的奇怪的演变——正如'自然从不飞跃'所宣称的那样——以至于在说任何生物或者本能或者任何完整的存在都不可能靠很多渐变步骤演变到现在的状态时，我们应该非常谨慎才是。"

不确定性、概率、模糊性或者偶然性，所以自然不应该飞跃。神是全能的，而飞跃则预设了超出全能之神的不确定性和偶然性。

与因果关系相连的渐进主义是支持西方自启蒙运动以来的科学和哲学的基本原则之一。这种渐进主义建立在因果关系原则和决定论之上，排除了概率和偶然性的任何空间。所以达尔文接受它也是合情合理的。德国哲学家戈特弗里德·威廉·莱布尼茨（Gottfried Wilhelm Leibniz，1646~1716）解释了为什么混乱和不完美不应该存在于神所创造的自然中：

在非常清楚地了解其渐进过程的神看来，构成宇宙的所有不同种类的存在不过是单一曲线的这么多纵坐标而已，它们紧密地结合在一起以至于根本不可能把其他东西放在任何两者之间，因为这将意味着混乱和不完美。[1]

在达尔文看来，像不可知论、概率、偶然性、不确定性等概念仍然是不可接受的，因为他觉得自然选择的过程必须是渐进的，因为神创造了自然。在此意义上，达尔文是真正的基督徒，虽然所有的指控都说他是无神论者。很有可能达尔文假定了一个非人格化的神；即使如此，神仍然是超自然的实体，并不等同于自然。因此，渐进主义确保了上帝在自然中的位置。西方必须等待将近一个半世纪之后才愿意拥抱阴/不可言喻性概

---

〔1〕 See Arthur Oncken Lovejoy, The Great Chain of Being: A Study of the History of an Idea (Cambridge, MA: Harvard University Press, 1990), 144~145.

念，并将渐进主义从达尔文理论中剔除出去。达尔文相信比智人更原始的生物肯定作为缺失环节而存在，这些缺失环节只是在等待着人们去发现。

但是，化石证据已经证明了相反的情况：根本没有发现这些缺失环节。[1]这种对渐进主义的反驳也不再强调对社会达尔文主义非常重要的自然冲突。古尔德宣称，同一物种内的成员是在那个物种起源时就确定下来的框架内彼此竞争的。因此，它们的竞争很少产生革命性变化，因而拥有的意义远非达尔文设想得那么大。

如果缺失环节并不存在，那么我们就能接受概率和偶然性的概念。如果自然的确飞跃，那么渐进主义就必须被抛弃，人们必须接受不确定性和概率。达尔文提出的进化论机制现在已经部分被证明是假的，这一事实并不能使他的发现变得没有价值，但是，这将减弱达尔文的重要性。正如通常的说法那样，一个伟大观点，其功绩属于作者，其弱点则属于他所处的时代。达尔文的观点非常强大，足以承受所有攻击他的那些挑战和嘲讽，比如"你的进化论说人的祖先是猴子。猴子是你家族的父亲一边还是母亲一边？"虽然达尔文打开了重新理解人类历史的大门，但他也接受了那个时代的某些错误观念。西方人在 20 世纪完成了征服过程，见证了一个受限制的世界之后，最终抛弃了这个遗产。

我们面临一个复杂的解释：人类通过进化而来，但一直不

---

〔1〕 有些人可能认为，没有发现缺失环节的事实并不能证明缺失环节从来不存在；但是，如果这些环节的确存在，那么不大可能发现不了。

断的转化只是作为适应多样化环境的手段——这个变化在很多情况下并不涉及显著的进化转变。演变进化的下一步何时开始以及如何开始，并不是我们能够掌握的。只有间断平衡的进化论修改版才能让西方开始接受不可言喻性。

渐进主义在达尔文理论中的文化重要性与西方的人与自然对立关系的概念密切联系在一起。渐进主义的显著性和最终溃败说明了文明偏见的重要性；在理解人与自然的关系上，人们朝着更具东方色彩的认识缓慢转变强化了更广泛意义上的、西方向阴/不可言喻性转变的现象。

4 转化主义：非进化性适应和文化演变

历史上出现过误将人类看作独立物种的严重错误。社会达尔文主义或者种族主义就是将亚种内的变化和物种内的进化混淆起来了。智人的成员——不同气候条件下不同地区的人——不过是表现出单一亚种边界内的不同特征。这些特征包括肤色、眼睛的颜色以及鼻子、眼皮或嘴唇形状等。虽然有明显差别，但我们都属于同一个亚种——智人。

生物学进化对非进化性适应

人类学家将黑人描述为"非洲太阳的儿子"。黑色的皮肤、卷曲的头发、厚厚的嘴唇都是生活在强烈阳光下而获得的保护性特征。事实上，白人也同样拥有适应性特征。当人类开始适应北部地区的环境时，皮肤中的黑色素数量减少，因为光照减少，可能更容易合成维生素 D。与此同时，北欧人眼睛的黑色素密度减少，变得淡弱，呈现轻微的绿色或灰色。

东亚人为了适应寒冷、干燥的气候，尤其是冬天，在空气进入肺部之前需要温暖和湿润，小鼻子小嘴是有用的。眼皮的内眦皮褶皱对于保护眼睛免受沙尘和冷空气侵袭也起到一定的作用。因此，不同种族是适应不同气候的结果。自然，不同种族也形成反映其周围环境的不同文明和文化。

这里存在一个问题：人类物种的非进化性变化和文化的拉马克进化（Lamarckian evolution）之间的鸿沟在快速扩大。人类创造的文明被归因于文化进化，与其生物进化没有任何关系。

现在，多亏了全球化，人们更容易了解到其他文明的诸多特征，激发了不同特征之间的互动。这种非同寻常的动态变化是当今世界——全球化时代的定义性特征。人类似乎忙于不停地改变环境，其速度之快已经令其生物进化有些跟不上了。

从那时起，即在将近 40 亿年前地球上在最短时间内发生的最伟大转变——地壳固化以来，我们做的一切都是文化进化的产物。人类物种的生物（达尔文）进化仍然在持续，但是，如果与文化进化相比，其速度是如此缓慢以至于其对人类历史产生的影响非常小。[1]

人类的独特性在于其文化进化而非生物进化。意识到这一点促使我们接受人类事务中的非进化性转变。这意味着就人类

---

[1]　Ibid., Kindle locations 5714~5716.

事务而言，东方转化论体现的变化概念从根本上而言更少产生问题，它远不容易成为倾向歧视和由此引发冲突的政治或哲学的利用对象。东方的变化概念是最常见的，同时，也与永恒原则有关。

因此，变化部分被视为从一个力量到另外一个力量的持续不断地转化，部分被视为复杂现象的循环过程，与其联系在一起的还有白天和黑夜以及夏天和冬天。变化不是无意义的——果真如此，就不可能认识它——但它受到普遍法则——道的制约。[1]

变化不可避免，它是唯一真正不变的东西。[2]

《易经》中描述的转化或变化是任意性的、没有方向性的、循环性的，而非目的论式的或线性的。就像月亮，它永远处在阴晴圆缺的变化之中。没有进步或完美；没有任何东西是不可逆转的或目的论的。东方对变化的认识因而可以比作晚期智人的诸多变化，它们是临时性的，因应背景变化而变化的，而非方向性的或进化性的。

转化论和文化进化

西方进化论帮助人类克服了西方创造论中内在的刻板理论，即人是上帝创造出来的，这个上帝创造人的理论只得到神学和信仰的支持。但是，渐进的进化论也产生了生物决定论名义下

〔1〕 Wilhelm，"Introduction，"in The I-Ching or Book of Changes.

〔2〕 Thomas Kuhn，The Structure of Scientific Revolution（1962），112.

的新问题。因此，作为科学的西方进化论播下了一颗可以被利用的种子，过去它被社会达尔文主义拿来肆意使用，又被含有负面哲学和政治隐含意义的生物决定论利用。

我希望，我已经表明生物决定论不仅仅是鸡尾酒会上有关人类物种的巧言妙语的有趣话题。它是具有重要哲学隐含意义和重大政治后果的总体观念。正如约翰·斯图亚特·穆勒（John Stuart Mill）所写，这个说法应成为反对者的格言："在所有逃避考虑社会和道德对人的思想产生的影响的庸俗模式中，最庸俗的是把行为和性格的多样性归结于天生的自然差别。"[1]

从这个视角看，东方《易经》转化哲学可以被认为是比西方创造论更令人满意的理论，也是比西方生物决定论更健康的理论。不同于目的论，东方转化论是自然的，是在不确定性和任意性原则下运转的。而且，在转化哲学中，人类是这个偶然性和概率游戏中的积极参与者，《易经》的基本图形三爻分别代表了天、地、人。

东方转化论的宇宙论与西方目的论似乎产生了东西方文明的一系列对立特征。建立在转化论基础上的宇宙论更喜欢自然哲学、圣人、归纳法、复古、智慧、伦理、管理、避免冲突、专注于周边环境和和谐共存等。另一方面，建立在目的论基础上的宇宙论（从创造论和进化论而生）更喜欢上面所有特征的对立面，如超自然宗教、英雄、演绎法、未来导向、知识、法

---

[1] Gould, Ever Since Darwin: Reflections in Natural History, 248.

律、决心、胜利、专注于对手和扩张主义等。

如果人们驳斥西方创造论和渐进进化论，接受《易经》的转化哲学，那自然就要失掉本来可能令人舒服的、令人情绪高昂的有关宇宙和人的机械完美主义理论。乐园也就丧失了。在那个乐园里，我们相信渐进的进步可以确保最佳结果。这样的乐园丧失，人们应该感到遗憾吗？不，这种遗憾只是怀旧情绪的宣泄而已。进化中并不存在"设计"。信仰神的天意的古老西方信念如今以一种有关进化论式进步的世俗完美主义的方式维持下来，但与此相反，宇宙背后的隐藏机制或许是任意性的，因而很难是最佳的。人类的存在或者人生问题并不可能有确定无疑的答案。古尔德教授这样解释：

对人生问题渴望有清晰的、确定的、普遍性的答案的人必须到别处寻找，而不是在自然中寻找。事实上，我非常怀疑真挚的寻觅能否在任何地方找到这种答案……真正伟大的问题屈服于自然的丰富性，变化可能有方向也可能没有目标，可能是渐进的也可能是剧烈变动的，可能是选择性的也可能是中立的。我很高兴看到自然的多样性变化，而将确定性的妄想留给政客和牧师。[1]

东方人可能会非常欣赏古尔德的讽刺性静态观。

但是，为什么担心丧失最佳性？历史总是这样运行的……

---

[1] Ibid., 271.

如果非洲丛林的一角没有排干无树大草原的积水，我可能仍然是树上的猴子。如果流星没有在六亿年前撞上地球，恐龙可能仍然是陆地的主宰，所有哺乳动物可能是在恐龙世界的黑暗角落里到处乱窜的老鼠大小的生物……如果历史不是令人疯狂的诡诈离奇，我们不可能在此享受它。流线型的最佳性并不包含变化的种子。[1]

　　这种修改了的视角承认，进化论或许没有产生可能的最佳结果；就像进步是宇宙的一部分一样，偶然性和不确定性也是宇宙的一部分。但是，这未必是令人感到遗憾的理由，我们或许能享受不确定性和生活中的不完美。正如道家的教导，不完美性意味着变化和希望，而完美性只能导致衰落。

　　最完满的东西，好似有残缺一样，但它的作用永远不会衰竭；最充盈的东西，好似是空虚一样，但是它的作用是不会穷尽的。最正直的东西，好似有弯曲一样；最灵巧的东西，好似最笨拙的；最卓越的辩才，好似不善言辞一样。（"大成若缺，其用不弊。大盈若冲，其用不穷。大直若屈，大巧若拙，大辩若讷。"《道德经》第 45 章）

　　与创造论或经典进化论的机械性和目的论相比，《易经》里的转化是任意性的和没有方向性的，它创造了人类参与转变的可能性。人类行动对于转化的意义是《易经》变化哲学中最独

---

　　[1]　Stephen J. Gould, "On Cultural and Biological Evolution," Natural History, 1987.

特的特征，人和天地共同参与到塑造其命运的过程之中。

在此情况下，预先讲述的是命运，它独立于个人或做或不做的事。为此，算卦就缺乏了道德含义。当它首次在中国出现，人们被告知对未来的预兆并不能让事情得到解决时，人们并未袖手而立，而是问："我应该怎么做？"这一问题使这本占卜书不得不变成一本智慧书。[1]

经典的进步主义依靠牛顿物理学的机械宇宙模式的支持才得以维持。牛顿式观点提供了现代西方形而上学的概念框架，这个框架后来不断扩张，把新发现的现象如相对论和量子物理学也包括在内。我们现在必须抛弃从前的那种信心吗？相反，偶然性和概率等新概念已经创造出了新机会，而且对于当今正在到来的信息革命而言一直有重要贡献。

在很大程度上，西方进步主义一直受到神学、形而上学和人相对于自然的优越性的鼓舞。但是，我们当今面临的很多问题恰恰是人类没有头脑地大肆掠夺自然而造成的。

---

[1] Wilhelm, "Introduction," in The I-Ching or Book of Changes.

East and West:
Taoism Versus Judaism

第五章

人与自然的关系

人类是万物之灵还是地球上的寄生虫？答案是可能两者都是，这取决于我们如何使用进化赋予我们的独特精神潜能。

1 东方创造神话：地球的寄生虫抑或万物之灵？

东方拥有完全不同于西方的创造故事，长期以来人们把它当作神话传说来接受。但是，它反映了东方对人与自然关系的基本认识，清晰地与其宇宙论相吻合，这种宇宙发生论是把道家、阴阳和《易经》同化融合而形成的。共同的主题是，人是自然的一部分，并不存在超自然的创造者。

盘古：东方创造神话

按照东方创造神话，最初什么都没有，世界是混沌的一团。接着这个混沌的一团合并起来成为巨蛋。巨人盘古就在这个巨蛋中沉睡了一万八千年，后来从这个巨蛋中苏醒过来。眼前模糊一片，故而他用巨斧将巨蛋劈开，为了让天地保持分开的状态，盘古每天都将天往上推一些，一直推了一万八千年。随着时间的过去，盘古终于倒下了。他呼出的气变成了风，他的眼睛就是太阳和月亮。他的身体变成了山脉，他的血变成了河流，他的皮变成了树，毛皮上的虱子变成了动物，其中包括地球上的人类。(《三五历记》载：天地混沌如鸡子，盘古生其中。万八千岁，天地开辟，阳清为天，阴浊为地。盘古在其中，一日九变，神于天，圣于地。天日高一丈，地日厚一丈，盘古日长一丈。如此万八千岁，天数极高，地数极深，盘古极长。《艺文类聚》卷一引，并见《绎史》卷一引；《五运历年记》云：首生盘古，垂死化身，气成风云，声为雷霆，左眼为日，右眼为月，四肢五体为四极五岳，血液为江河，筋脉为地理，肌肉为田土，发髭为星辰，皮毛为草木，齿骨为金石，精髓为珠玉，汗流为雨泽，身之诸虫因风所感，化为黎甿。《绎史》卷一引，明董斯张《广博物志》卷九引——译注)

盘古像[1]

---

〔1〕 1609年《三才图会》（明朝王圻王思义父子编撰的百科式图录类书——译者注）所载神话中的天地创造者。

　　东方的盘古宇宙发生论清晰地显示出创造者就是宇宙本身，就像道就是自然一样，并不是与自然分离的独立存在。与西方的创造神学不同，它并不承认超自然实体或者是神创造了宇宙，并与宇宙区分开来，位于宇宙之上。

　　我们对比东西方文明后发现，我们所有人——甚至包括我们的个人观念——都受到各自文化的形塑和影响。自从晚期智人出现以来，我们在生物学上并没有多大变化，在未来百万年里也不大可能有多大变化。因此，我们不能指望靠基因进化来解决我们的问题。那太缓慢，太渐进了。相反，我们必须依靠文化进化，一旦获得了某些进展，就能马上传承下去。

　　但是，文化进化已经证明是把"双刃剑"，给人类既带来空前的繁荣也带来致命的威胁。过去一个世纪的很多不寻常事件，包括两次世界大战和冷战，标志着西方斗争范式的漫长历史的高峰。现在，在二十一世纪的初期，我们面临能够毁灭全世界人口几十次的核武器幽灵。国际恐怖主义在当今已经成为现实，核战争的新威胁让我们处在关键的枢纽期。核能虽然能为人类服务，与此同时却也能给人类带来毁灭的危险。同样的威胁还来自气候变化和环境恶化。

　　人类现在正在探索对付新问题的方法。在这些议题背后是科学和技术，它们让机器具有能够取代动物和人的力量。应该承认，作为工业革命基础的科学和技术进步让很多国家和个人获得了空前的财富和权力，这是之前做梦都想不到的东西。但是，这也令我们落入陷阱——渴望获得更多财富和权力的永不停息的需索和竞争。这种盲目的竞争和贪婪到哪里是终点呢？

人类如何在国家和个人层面上控制其难以餍足的获得权力和财富的欲望呢？工业革命的后果——正如我们目前在进入公元后第三个千年的初始之处所面临的那样——令人恐惧。终极而言，我们所面临的是一个进化维度的问题：人类能够控制自己的心智能力，即思想和智慧潜能吗？

人类是地球历史上第一个威胁到自身生存的物种。尽管我们拥有理性思考能力，但如果最终证明我们没有能力解决我们自己创造的那些问题的话，或许我们智人——所谓的"聪明人"——将永远不能实现自己的生物学潜能，相反却可能给自己带来毁灭，同时带来与我们共享这个星球的其他无数物种的毁灭。

万物之灵与地球的寄生虫

莎士比亚用他特有的优美语言，总结了他所处时代西方有关人类物种的流行观点：

> 人类是一件多么了不起的杰作！多么高贵的理性！多么伟大的力量！多么优美的仪表！多么文雅的举动！在行为上多么像个天使！在智慧上多么像一个天神！宇宙的精华！万物的灵长！[1]

与西方的这种赞美相反，东方对人在自然中的位置抱持一

---

[1] William Shakespeare, The Tragedy of Hamlet, Prince of Denmark, act 2, scene 2. 此句借自莎士比亚：《哈姆雷特》，朱生豪译，人民文学出版社 1977 年版。——译注

种谦恭得多的立场。中国盘古开天辟地的神话将人类描述为盘古身上的寄生虫而已。同样，道家将人比作宗教仪式后扔掉的刍狗。

天地是无所谓仁慈的，它没有仁爱，对待万事万物就像对待刍狗一样，任凭万物自生自灭。（"天地不仁，以万物为刍狗。"《道德经》第5章。元代吴澄据说："刍狗，缚草为狗之形，祷雨所用也。既祷则弃之，无复有顾惜之意。天地无心于爱物，而任其自生自成；圣人无心于爱民，而任其自作自息，故以刍狗为喻。"——译注）

与《创世记》中的教导形成鲜明的对比，在那里，人类是上帝依据自己的形象创造出来的！面对诸多两难困境，人类现在似乎正处于其进化过程中的关键时期。

对人类有害的是，人类学会了管理其外部环境（extra-specific environment）中的所有力量，却对自己所知甚少，以至于无助地处于人类内部的选择（intra-specific selection）的撒旦式运作的摆布之下。说人对人是狼（Homo homini lupus）——人是人的猎物——都过于轻描淡写了。[1]

从这个视角看，人们不禁相信"因为人类的概念思维能力而获得的每份礼物都必须付出代价，那就是作为其直接后果的

---

[1] Konrad Lorenz, Civilized Man's Eight Deadly Sins, 25.

危险的邪恶"[1]。这样一种认识可以让人类的傲慢冷静下来，正如《圣经》和莎士比亚著作中解释的那样。毕竟，在与其他动物相比时，人或许的确没有什么可夸耀之处。德国哲学家和文艺理论家戈特霍尔德·埃夫莱姆·莱辛（Gotthold Ephraim Lessing，1729~1781）说，"人不过是食肉的猴子而已，对其心智能力（mental capacity）的认识被极端夸大了"。

我们的未来应该单单委托给理性的力量吗？人类的最伟大天赋，我们的理性，证明是浮士德式的交易吗？希腊强调悲剧意识的重要性，东方思想家相信敬畏意识对社会的平衡很有必要。人若失去了敬畏意识，灾难也就不远了。这是对人类傲慢和自满的警告，源自对人类本性的敏锐观察。在整个人类历史上，人依靠勇气和敏锐克服了很多灾难；甚至利用这些灾难提供的机会作出了历史性的和根本性的决策。这种行动不仅仅是依靠理性而作出的；悲剧促使智慧的人为了子孙后代的利益采取行动。敬畏意识的确让人避免傲慢和自满。

而且障碍就在这里。人类已经克服了如此多的灾难，以至于自满和偏执的自我利益再次占了上风。如果要避免落入我们为自己布下的陷阱，我们就必须超越这种态度。这次可能就没有回头路了：核灾难或气候灾难将不会给人类第二次机会。东西方都有众多的文献想象和描述了世界末日。但是，东方维持了冷静与镇定，或许因为其心智已经受到训练，把人类视为地球的刍狗或寄生虫。

---

[1] Lorenz, On Aggression, 231.

另一方面，西方在想象和描述世界末日时之所以充满戏剧性和预示大灾难，可能也是因为其心智受到的训练，认为人类是依据上帝的形象创造出来的。

> 我听见有大声音从殿中出来，向那七位天使说："你们去，把盛神大怒的七碗倒在地上"……又有闪电、声音、雷轰、大地震，自从地上有人以来，没有这样大、这样厉害的地震。（《启示录》第 16 章第 1 节、第 18 节，和合本第 449~450 页）

现在还无法断定，像气候变化、核武器、日益扩大的贫富差距这些跨国问题是否会证明人类没有能力处理自己的心智能力和工业革命所创造出的文明，一个被奥斯瓦尔多·斯宾格勒（Oswald Spengler）称为浮士德式的文明。在寻求解决这个进化维度的问题时，人类只能依靠其智慧，而正是这些智慧制造出了我们试图要解决的问题。

2　人与自然的关系：和谐相处抑或支配控制？

人们对人与自然的关系有两种认识：人支配自然或者人是自然的一部分。归根结底，人的这两种潜能源于我们的大脑，它让我们能够积累知识并将其传播给下一代，按照拉马克模式（Lamarckian model）的说法，正是这一点让人成为独一无二的、特别的存在。

西方称这种品质为"精神"（spirit），将其与上帝相联系起来，将其特征描述为彻底积极的和建设性的。身体被认为是这个高贵精神的累赘。

在西方，对人类凌驾于动物之上的优越性的赞美，其核心是人对人与自然关系的认识。建立在创造论基础上的西方文明倾向于将人与自然对立起来。

神说，"我们要照着我们的形象，按着我们的样式造人，使他们管理海里的鱼、空中的鸟、地上的牲畜和全地，并地上所爬的一切昆虫。"神就照着自己的形象造人，乃是照着他的形象造男造女。神就赐福给他们，又对他们说，"要生养众多，遍满地面，治理这地；也要管理海里的鱼、空中的鸟、地上各样行动的活物。"（《创世记》第 1 章第 26~27 节，和合本第 2 页）

与西方赞美人凌驾于自然之上的优越地位相反，东方认为人类是自然的一部分，甚至可能是自然的破坏者。用类似的话重申这个观点的话，道家将人比作宗教仪式后扔掉的刍狗。"天地不仁，以万物为刍狗。"（《道德经》第 5 章）

人类特别的心智能力未必只以积极的或者建设性的方式发挥作用。其主要功能是不断增加的适应性。换句话说，其主要功能在于其不同寻常的能力——把对自我保护或好或坏的东西不断放大。

人类的独特性给世界造成的影响一直是巨大的，因为它确立了一种新的进化来支撑将学到的知识和行为在不同代际之间的传播。人类的独特性主要存在于我们大脑中。它表现在依靠我们的智慧所创造出的文化，以及文化赋予我们的操纵世界的能力。人类社会依靠文化进化发生变化，而不单纯是生物变化的产物。我们没有证据显示，五万年前化石记录出现智人以来，人类大脑的大小或者结构有任何生物学上的变化。[1]

与西方的上帝——人就是依据其形象被创造出来的——相比，人类永远是发展不足的（underdeveloped）。

至于你，人类，你一辈子都是赤裸的工具，虽然也是各种工具的使用者。你将看起来就像胎儿，一直到他们将你埋葬，但是其他所有人在你之前都将成为胎儿。永远发展不足，你将永远处于我们形象的潜在状态，能够看到我们的部分悲伤，感受到我们的部分快乐。我们部分为你，人类，感到遗憾，部分充满希望。跑起来吧，尽最大努力。[2]

我们是自然不可分割的一部分，但是人类的独特性并不因此被否认。人类不过是动物的说法与"按照神的形象创造出来"的说法一样，都是错误的。[3]

人类仍然能夸耀说，他们是万物之灵和自然的主人吗？环境恶化和难以持续的经济发展，加上大规模杀伤性武器的存在，这些都成为这个世纪最严峻的挑战。但是，这些只是人和国家

---

〔1〕 Gould, The Mismeasure of Man（Revised & Expanded），Kindle locations 5709~5713.

〔2〕 T. H. White, The Once and Future King（Penguin Group US, 2011），Kindle edition, 196.

〔3〕 Gould, The Mismeasure of Man（Revised & Expanded），Kindle locations 5706~5707.

为获得经济利益而进行的盲目的难以满足的追求和狂热竞争的副现象。谦恭地接受人与自然的和谐统一应该成为有效应对这些挑战的第一步。

有着自我纠正特性的西方科学最终让人接受了哥白尼的日心说和随之而来的对人在宇宙中的象征性地位的调整。但是，在人文科学中的作用可与哥白尼日心说在自然科学中的作用相媲美的斯宾诺莎的哲学，在西方至今还没有被充分接受。与建立在道家人与自然统一基础上的东方文化不同，西方文化似乎仍然在挣扎着摆脱上帝创造人类以让其来管理自然的观念。

我们的科学和技术产生自基督教那些有关人与自然关系的态度。那些态度几乎是被人普遍持有的，不仅是基督徒和新基督徒，而且还包括喜欢把自己看成后基督徒的人，都持有这种态度。虽然有哥白尼，我们仍然认定全部宇宙都在我们的小地球周围旋转。虽然有达尔文，我们在心里仍然不认为自己是自然过程的一部分。我们比自然优越，瞧不起自然，愿意为了微不足道的念头而利用自然……我们对生态所做的事取决于我们对人与自然关系的看法。更多的科学和技术并不能让我们摆脱现在的生态危机，除非我们找到一种新的宗教或者重新思考旧宗教。[1]

西方似乎有两大思想流派，其中一派强调保护环境，期待出现一种新宗教来取代旧宗教；另一思想流派则假定基督教内

---

〔1〕 Lynn White, Jr., "The Historical Roots of Our Ecologic Crisis," JASA 21 (June 1969): 42~47.

在地包含了保护环境的规定：

> 真正的基督教应该是将人类从其自然的自我为中心意识中解放出来，将其心思转向关爱他人。基督徒不应该对此时此地的利用感兴趣。拥有对某种东西的支配或者控制权应该意味着对它的保护而非对它的滥用。[1]

按照第二个思想流派，《圣经》压倒一切的精神就是保护其所支配的一切，而不是剥削利用它们。

虽然西方是扩张性的，且特别看重剥削，但是现在，在一个受限制的世界里，它将缓慢地但肯定地走向保护。当今西方对生态问题的强烈关注就说明了这一点。同样，就人与自然的关系而言，西方在迅速缩小与东方的差距，因为它也几乎快要到达道家的结论，即人是自然的一部分，两者的关系应该被视为和谐的，而不是冲突的。毕竟，西方科学，包括达尔文进化论在内，并不支持一个将人置于自然对立面的人格化神。

3 人与自然关系的两种模式

受限的环境与扩张的环境，从这个背景差异开始，东西方文明在人与自然的关系方面展示出众多影响深远的不同之处，从而产生了两种不同的模式。对前文所考察的东西方有关人与

---

[1] Ibid. A counterargument against Lynn White's paper is contained in the same JASA article.

自然关系的不同思想观念作一总结的话，人与自然关系的两种模式的最佳描述可能是阴/不可言喻性和阳/可言喻性，或者东方和西方。

两种模式

道家和犹太教可以被描述为在人与自然关系方面人类心理学的两个方面，一面是阴/不可言喻性，一面是阳/可言喻性。阴/不可言喻性和阳/可言喻性概念可以作为描述东西方文明特征的最恰当的媒介。这一对概念是价值中立的，客观地和令人信服地抓住了两大文明的关键特征，包括道与上帝的基本性质。道的非启示性、自然性、不可言喻性和否定性，上帝的启示性、超自然性、无误性和肯定性就是这种特征。

有关人与自然的关系，东方的阴/不可言喻性和西方的阳/可言喻性这两种模式早在 2500 年前当《道德经》和《摩西五经》出现之时就已经非常明确了。在十九世纪之前，两者一直单独存在，各自以自我维持和自我强化的方式在自己的背景下发展起来。尼斯比特教授这样解释：

我的研究令我相信两个截然不同的认识世界的路径各自维持了数千年。这些路径包括深为不同的社会关系，有关世界本质的不同观点和典型的思维过程。西方和东方的每个立场都是自我强化和自我平衡的体系。[1]

---

〔1〕 Richard Nisbett, The Geography of Thought: How Asians and Westerners Think Differently (Free Press, 2010), Kindle edition, 162.

但是，东方的阴/不可言喻性和西方的阳/可言喻性的差异的根源出现在数千年前，在那两本开创性的书成文之前。因为它们代表了积累下来的观点和智慧的集锦，而非单个人突发奇想的杰作。东方经典中最古老的书籍《易经》的源头可以追溯到公元前 3000 年前后。按照牛顿的说法，《摩西五经》认定《圣经》历史的源头大概也在公元前 3000 年前后 。如果人们接受这些大致的估计，就可以得出结论，在公元前 5000 年时，东西方文明开始成型，具有不同的特征。因此，自从公元前 5000 年地球上出现文明之后，两大完全不同的思想体系各自发展和延续下来。这个时间框架碰巧与书面文字的发明同时出现，这开辟了书面或者有记录的历史的开端。

有关人与自然的关系、身与心的关系和人与人的关系，东方的阴/不可言喻性和西方的阳/可言喻性的文明都展示出三大系列性特征。在这些关系之中，身与心的关系是该文明中人与自然关系的镜像。在这些系列性特征中，没有哪个文明表现出杂交现象。如果人与自然在犹太教中被上帝的概念区分开，那么，很自然的是，心（或精神）和身体也就区分开了，因为精神（与身体对应）是上帝的本质。另一方面，如果人与自然在道家中是联系在一起的，那么，很自然的是，心与身也是联系在一起的，它们共同构成了一个实体：人。因此，可以预期西方文明建立在精神现象上；而东方文明从整体上看待人，允许它成为文明的构件。

如果就人与自然的关系而言，世界上存在两大模式，那么人们会遵从哪个模式呢？这取决于我们在哪里出生和接受教育。

如果一个人出生在东方，其文化和文明深刻扎根于自然哲学中，这个人肯定要遵从与宇宙论、哲学取向和心理学相关的模式。如果一个人出生于西方，其文化和文明深刻扎根于一神教的宗教中，那么这个人注定遵从于人与自然关系的其他模式。

人类拥有的两大模式与跨越时间和空间的精神、真理和绝对主义没有任何关系。对阴/不可言喻性和阳/可言喻性模式的选择不过是对父母的传承而已。人可以自由地享用两个模式之一；人并不是注定只能服务于两个模式之一。一旦学会了，这个模式通常都会永远伴随着你。但是，一个人从一个模式转变到另外一个模式的可能性也是存在的，这种转变通常伴随着巨大的个人尝试和痛苦。

甲相信自然，确立了基于生成宇宙论的自然哲学；也就是说，这个人将形成不可言喻的立场，假定对立面是互补性的，偏爱归纳推理。乙相信上帝，确立了基于存在宇宙论的超自然宗教；也就是说，这个人将形成可言喻的立场，假定上帝的赋能授权和矛盾对立的二元论，偏爱演绎推理。两种模式的构成情境不是可以相互改变的，因为模式是一个构成部分与其相关部分结合而成的。相信自然的甲不可能拥有存在宇宙论，拥有针对自然的可言喻立场，或者设想赋能授权和矛盾对立的二元论。同样，相信上帝的乙不可能拥有生成宇宙论，拥有针对自然的不可言喻立场或者设想互补性/对立面共存的观点。

自然对上帝

人与自然的关系似乎是在环境背景下被定义的。东方拥有受限的环境背景，将人和自然联系起来。西方则拥有扩张性的环境，依靠上帝的概念定义人，上帝创造了人和自然，让人凌驾于自然之上。东方人和西方人作为进化的物种智人，拥有同样的本质和癖性。因此，他们都遵循自我保存这一根本性的和生物学的理由。这个最根本的需要在东西方文明中有不同的表现。如果东方人出生在西方，他们也可能创造出被我们称为西方文明的东西；同样的，西方人如果出生在东方，也可能创造出东方文明。在此意义上，受限制的东方环境的最佳特征描述是阴/不可言喻性环境，而扩张性的西方环境可以被描述为阳/可言喻性的。

在东方，人与自然的关系是靠自然哲学来解释的。与此相反，在西方，同样的关系依靠超自然的宗教来解释。在西方开放的和扩张性的环境中，人们不断地进行生存斗争，不断遭遇各种危机，比如其他部落和国家的袭击和侵略。在这样的环境中，自我保存的首要原则推动人们去寻求超自然的力量或者神的帮助。从心理学上说，人们感到需要超自然的神，无论是为了生存还是为了繁荣，这在希腊罗马的多神教上多有体现。犹太教是这种倾向的极端表现形式，因为它认为只有一个神，消除了其他所有神。先知作为这唯一神的使者大量存在。另一方面，在像个村庄一样的封闭和受限制的环境中，先知不可能大量出现。"没有先知在自己的家乡被人悦纳的。"（《路加福音》第4章第24节，和合本第108页）在这些独特的环境中，产生了东方自然哲学与西方超自然宗教的对立。

建立在人与自然的统一和心与身的统一基础上的东方自然

哲学产生了持久性的、不偏颇的、可靠的和实用性的伦理学、政治学、政治经济学，而西方超自然宗教则产生了神学、形而上学和各种意识形态，它们最终必定是短暂的、偏颇的、不可靠的、不实用的，因为它们把人与自然和身体与精神割裂开来这个起点就是站不住脚的。另一方面，人支配自然的观点让人能够发现自然，这在很多人看来是自然科学的起源，这也解释了西方自然科学不同寻常的快速发展。虽然东方的确产生过比西方更早的很多有用的发明，但是东方从来没有发展出任何自然科学的理论，包括几何和形式逻辑。从本质上说，各自都得到了应该得到的东西：东方得到了自然哲学；西方得到了自然科学。

自然中的人把任何转化的自然现象都作为宇宙的参照点，并获得生成意识。与此相反，上帝创造的人获得了一种存在意识，它拒绝自然中的生成意识。自然变成了人的固定不变的客体。在西方的超自然宗教中，神是绝对重要的，人们看重代表了神的创造和存在。创造概念给人类一种静止的视野。因此，西方的存在是静止的，变化在西方思想中并不重要。另一方面，在东方，人们宣称没有绝对的参照点，因为生成被认为是比存在更重要的东西。存在源于不存在，存在回归不存在。因此，在转化论背景下理解东方的生成意义是非常重要的。东方的生成是动态概念，与本体论观点——存在和非存在构成对比。从这个角度看，人们就能理解为什么东方哲学并没有产生类似于西方形而上学本体论的东西了。

在东方的转化论哲学中，没有东西是静止不变的，一切都在不断变化之中。根本不存在研究存在之本质的空间。西方本体论倾向于用"本应有的样子"来看待事物，因为一切都是上帝授予的。必须存在一个目的，必须存在一个理由。人类的存在理由就是找到那个目的和理由。这与东方形成截然对立，因为东方倾向于"如其所是"地看待事物，这在动态变化的世界就意味着用"可能要变成的样子"来看待事物。在这个生成过程中，人类与天、地一起成为行动者，正如《易经》的三爻所代表的那样：上面一条线代表天，中间一条线代表人，下面一条线代表地。

不可言喻性对可言喻性

自然中的人接受神秘莫测的自然为终极参照物，并看重相对真理。不可言喻性成为这个文明和思想体系的根本原则。另一方面，神创造的，并和自然分开的人注定要在神和自然中寻求绝对真理，可言喻性成为这个文明和思想体系的根本原则。东方的无极宇宙论赞成对真理的信仰，但是否认这个真理是人类可以用语言和词汇表达出来的；西方的存在宇宙论鼓吹对真理的信仰，并认为这个真理是人类能够认识的，因为上帝向我们揭示这个真理。在东方文明中，人类只能找到局限于特定时空的相对真理；绝对真理是人类无法掌握的。相反，西方文明建立在绝对真理这一命题基础之上。东方相对真理与西方绝对真理的对比体现在道和上帝上：西方的上帝是绝对真理，东方的道只是辨识出本质的表象。

随着上帝从犹太教到基督教的演变，对死后生活的关注让西方文化具有了未来取向（future oriented）。所有伦理学和政治学都是面向未来的，且带有一种目的论倾向。另一方面，东方相信此生，人们在此生中辨识出相对真理（其意义总是局限在特定的时间和空间内），但不是绝对真理（其意义必须是跨越时间和空间的），其宇宙论建立在没有起始也没有尽头的转化过程上。人们认识到循环往复的自然变化是人的生命的参照系。在非目的论的世界，未来被认为是过去的延续。东方人自然倾向于从过去寻找参照，因为它可以为现在和未来提供指南。因此出现了"过去取向"的东方和"未来取向"的西方之间的对比。西方超自然的宗教使它更多地看重彼岸而不是此生，并预设了真理可以获得和认识，因此，人的视角固定在未来的某个目标上。因为真理或者最终的解决办法仍然是模糊不清的——虽然人们持续不断地追求——西方人永远企望未来，人们认定那里才是真理和救赎的所在。

当人与自然不分开的时候，人与自然的关系基本上就是共生和互补的。另一方面，当人被上帝——创造者——与自然分开的时候，人与自然的关系就变成了矛盾对立的二元论。在东方，因为人是自然的一部分，精神与身体并不分开，人用互补性的方式看待所有实体和现象：男人—女人、太阳—月亮、白天—黑夜、夏天—冬天、热—冷、高—低、理—气（心—身）——阴阳概念体现了所有这些互补性的对立面。相反，因为上帝的概念，所有实体和现象都被赋能授权/二元论术语区分开来：人对自然、精神对物质（心对身）、男人对女人、光明对黑暗、善对恶、基督徒对异教徒等。西方并没有类似东方阴阳的任何概念，相反，"对立面是矛盾"的观念体现在西方文化的任何方面。实际上，东方互补性/共存与西方赋能授权/二分法的对比是将两个模式区别开来的最典型特征。

互补性产生了人与自然、人与人以及国与国和谐共存的关系。另一方面，"对立面是矛盾"的概念产生了对代表优越、支配、善或者被拣选那一边的赋能授权；但是这种赋能授权是要付出代价的，那就是二分法，以及与代表次等、被支配、恶或者未被拣选的另外一边的冲突。当人处于受限制的环境中，避免冲突比赢得冲突更受欢迎，为了自我保存，人们很容易采取互补性的、和谐共存的视角。与此相反，当人处于扩张性的环境中，在冲突中取胜比避免冲突更受欢迎，为了自我保存，人们很容易采取赋能授权和采取矛盾对立的二元论视角。

East and West:
Taoism Versus Judaism

第六章

道与神的演化

《道德经》和《摩西五经》中描述的东方之道和西方之神并不是静态的，而是在不断变化的。完全合理的和自然的道见证了萨满教式的、宗教式的道在普通人中的诞生。这种宗教性的道家学说旨在追求非理性的目标，如长生不老、驱邪、炼丹等，并为此接受超自然的诸神。因此，道家的自然哲学和在民众中流行的道教一直并存，共同演化并持续至今。在西方，上帝也在变化。犹太教的上帝见证了基督教在罗马帝国的崛起，接着天主教的上帝受到文艺复兴后诞生的新教的挑战。接着有神论的上帝见证了启蒙时期自然神的出现。在后现代时代，自然神论派的上帝看到了形形色色有神论的或无神论的各种"主义"的诞生，包括泛神论、泛自然神论、无神论、不可知论、自然主义等。使情况变得更加复杂的是，所有这些上帝都在进化过程中彼此共存，至今仍然彼此共存。

　　在这个复杂的演化过程中，西方有一部分朝着东方自然哲学转变，而西方的其他部分则仍然维持其超自然的宗教。另一方面，东方有一部分朝着西方的超自然宗教转变，而东方的其他部分仍然维持其自然哲学。从这个发展变化里，人们可以看到东西方之间的和解。如果考虑到当今西方文明已经变得越来越宽容，回避了它在神学的、形而上学的和意识形态问题上的传统的不宽容态度，那么，和解就变得越发具有重要意义。

1　神的演化：犹太教、基督教、自然神论、无神论和斯宾诺莎主义

2500 年前，在人与自然的关系上出现了两种不同的态度。在东方，主张天人合一的道家哲学盛行，被包括道家、儒家、法家和墨家在内的东方所有思想流派接受。在西方，相信神创造世界和命令人类统治自然的宗教占支配地位，令其他所有哲学都黯然失色。正如前文讨论过的那样，道家的自然哲学和犹太教的超自然宗教之间存在四大区别性特征：不可启示的道对人格化的可启示的上帝，自然之道对施展奇迹的超自然上帝，不可言喻的道对传播绝对真理且不会出错的上帝，否定性的道对肯定性的与邪恶对立的善之上帝。

西方超自然上帝的宗教开始于犹太教。两千多年来，犹太教在犹太人中保留下来，他们经受了难以匹敌的考验和苦难。威尔·杜兰特（Will Durant）描述了犹太教如何在犹太人中经历各种苦难保存下来的：

流散时期以来的犹太人的故事就是欧洲历史的史诗之一。罗马人占领耶路撒冷（公元 70 年）后将犹太人赶出家园，之后犹太人就到处流亡，在所有国家和所有大洲逃亡和经商，受到强大宗教——基督教和穆罕默德教支持者的迫害和杀戮，这见于他们的经文和记忆；因为封建制度而被禁止拥有土地，被同

业公会禁止参加产业，被限制在拥挤的隔离区内，只能从事狭隘的若干领域，遭民众掠夺，遭国王掠夺；用自己的金融和贸易建造文明不可缺少的小镇和城市；被排斥和被逐出教会，受到侮辱和伤害。但是，虽然没有任何政治结构，没有任何法律强制的社会团结，甚至没有共同的语言，这个了不起的民族仍然在身体和灵魂两方面自我维持下来，保存了它在种族和文化上的完整性，用令人嫉妒的爱捍卫其最古老的礼仪和传统。[1]

与此同时，犹太人已经不再是强制地必须信奉犹太教了。诞生于十八世纪犹太人自身的"启蒙运动"中的世俗犹太教意味着，可以在不相信人格神存在的情况下保留犹太人的身份认同。爱因斯坦的故事说明了这种进化。

在其晚年，爱因斯坦会讲有关他那位相信不可知论的叔叔的古老笑话，那是他家族中唯一一个前往犹太教堂礼拜的人。当有人问他为何要这么做时，叔叔回答说，"啊，你永远不会知道"。而爱因斯坦的父母"完全没有宗教活动"，也没有感觉到必须两面下注。他们并没有遵循犹太教规，也不前往犹太教堂礼拜，他的父亲说犹太礼仪是"古老的迷信"。[2]

犹太教与基督教

犹太教演变分化为宗教意义的犹太教和世俗意义的犹太教，

[1] Will Durant, The Story of Philosophy (2014), Kindle edition, 65.
[2] Isaacson, Einstein: His Life and Universe, 15.

这非常类似于基督教在西方启蒙时期分化为有神论的基督教和自然神论的基督教。基督教诞生于犹太教，在公元四世纪时因为罗马帝国将其定为国教而兴盛起来（伊斯兰教是另外一个亚伯拉罕一神教，诞生于公元七世纪。本文的焦点是东西对比，因而笔者将有关伊斯兰的讨论留给他人）。基督教和犹太教共享一神教的所有根本性特征：存在超自然的神作为自然的创造者，给人启示的人格化神，干预人类事务表演奇迹的神，传达绝对真理给人类但不会出错的神，肯定性的与邪恶对立的善之神。

或许存在很多神学的解释和阐释，但是从东方视角看，基督教从犹太教的演化源自两个关键差别。其一，民族性和普遍性。犹太教建基于一个民族被上帝拣选并得到特殊照顾的概念，因此对犹太人来说，犹太教在本质上是民族性的或国民性的。相反，基督教成为普遍性的，对世界上所有人都开放。让基督教具有普遍性的关键是它强调"爱邻居如爱自己"。正如好撒玛利亚人（Good Samaritan）的寓言所示，邻居的定义包括了所有人，而不仅仅是基督徒，因此让基督教与犹太教区别开来。其二，犹太教和基督教的关键差别还在于后者强调在天堂或地狱的死后生活。这个概念与耶稣再次降临、死者复活和最后审判等观念有着内在联系。在启蒙时期之前，西方一直认为，耶稣再次降临和最后的审判即将到来，所有对天堂和地狱的死后生活的信念成为提高教会权威的潜在机制。

这两个独有特征的结合让教会拥有了超越任何人想象的权力，但与此同时也给基督教带来无法克服的困难。这个两难困境就是如何让爱和信仰和解。耶稣强调"爱你的邻居"，是建立在犹太信仰基础上的，即"遵从你的神"。人性指示、历史显示这两个原则能够在个人层面上和解，但没有办法在机构层次上和解。天主教作为机构没有别的选择，只能宣称"教会之外没有拯救"（extra ecclesiam nulla salus），以此来确保自身生存。因此，对于代表基督教的教会来说，"遵从你的神"比"爱你的邻居"更重要。随着教会在一千年间变得越来越强大和富有，对"遵从你的神"的强调与极为强大的末世论概念结合起来造成很多滥用。滥用这些原则的做法包括教会与皇帝和国王的权力斗争，宗教迫害，宗教裁判所，以及出售赎罪券等。这些反过来导致了宗教改革，结果促成了十六世纪新教的出现。

虽然新教为基督教注入了新鲜血液，但它与天主教存在很多共同的宗教教条。比如，宗教改革的最著名人物马丁·路德仍然坚定地相信奇迹、末世论（他认为末日即将来临）、以大主教厄谢尔纪年（Ussher's Chronology）算出的地球年龄（创造发生在公元前 3929 年）、地心说（他批评哥白尼不相信《圣经》上写的内容）。十七世纪和十八世纪的启蒙时代挑战了这些宗教教条，在新出现的事实、科学发现和苏醒过来的理性面前，它们越来越站不住脚了。

自然神论、无神论和斯宾诺莎主义

争论最激烈的地方是针对表演奇迹干预人类事务的上帝这个观念。因此，启蒙运动导致自然神论的出现。事实上，启蒙时代的大部分著名西方思想家都是自然神论者。他们坚持了这样一种信仰，即存在一个超自然的创造者上帝，但不再相信一

个会扭曲他自己创造的自然法则的上帝。通过挑战神干预人类
事务的观念，一个思想运动在西方宗教历史上第一次开始挑战
教会的根基，如果不是基督教本身的话。因为善恶问题占据上
帝干预人类事务的核心位置，自然神论立场产生的不可避免的
问题就是，如果神不为了我的利益而干预人类事务，那我祷告
还有什么用途呢？更进一步，人们提出了终极问题：既然如此，
为什么还要承认上帝的存在呢？伊壁鸠鲁提出的问题在两千年
后再次浮上水面。正如大卫·休谟所说，伊壁鸠鲁悖论在西方
仍然是无法回答的：

> 如果是上帝想阻止"恶"而阻止不了，那么上帝就是无
> 能的；
> 如果是上帝能阻止"恶"而不愿阻止，那么上帝就是邪
> 恶的；
> 如果是上帝既不想阻止"恶"也阻止不了"恶"，那么上
> 帝就是既无能又邪恶的；
> 如果是上帝既想阻止"恶"又能阻止"恶"，那为什么我
> 们的世界充满"恶"呢？[1]

非常自然的是，就不干预人类事务的上帝而言，自然神论
打开了防洪闸门，让所有形式的宗教的和非宗教的定义和主义
在西方泛滥（如泛神论、泛自然神论、无神论、不可知论、自

---

[1] David Hume, The David Hume Collection: 17 Classic Works (Waxkeep Publishing, 2013), Kindle edition, Kindle locations 15097~15099.

然主义）。期间伴随着一种将世界上的信仰体系进行范畴化的努力，这种努力所依据的是宗教（religion）、漠视宗教（irreligion）、非宗教（nonreligion）和无关于宗教（areligion）等概念。在西方，辩论和讨论仍在进行中，同时，上帝的观念也在发生变化。本书无意就雄伟缤纷的西方概念进行大阵仗的神学和形而上学分析，此处仅仅指出后自然神论的西方陷入针对其传统一神教的不同态度和主义中不能自拔，这些冲突类似于天主教不同教派如阿奎那派、耶稣会、多明我会、方济各会，或新教中不同教派如路德派、浸礼派、卫理公会教派、长老会教派的冲突。在西方神的进化中，分水岭就是苏醒后的理性所支持的自然神论的发展。

回顾过去，自然神论似乎是必要的和过渡性的妥协，好让启蒙时期的西方思想家进入后达尔文时代，然后，他们得出与道家一样的结论，即上帝等同于自然。自然神论和有神论之间有一个关键的共同因素：存在创造宇宙和人类的超自然创造者，这是西方自然神论从传统有神论继承下来的东西。自然神论者没有跨越最后的门槛，因为他们的争论是对有神论做出的反应——即仍然在有神论的框架内——就像宗教改革是对天主教做出的反应，而其本身仍然是在一神教的框架内。但是，的确存在若干西方思想家跨越了这个门槛，将上帝等同于自然。斯宾诺莎就是这个学派的最著名哲学家。

斯宾诺莎认为，上帝就是自然，而自然神论者仍然相信是上帝创造了自然和人类，虽然上帝并不再干预人类事务。如果从它们反对有神论的很多显著因素如奇迹、祈祷、《圣经》的无误性等共同立场来看，自然神论与斯宾诺莎主义的区别似乎很小。但是，有神论如此深刻地扎根于西方思想传统，以至于西方反对斯宾诺莎主义甚至比反对自然神论更为猛烈。作为自然神论者，伏尔泰受到很多人的尊重和称赞，但是，西方很多人就在不久前还谴责和诽谤斯宾诺莎是无神论者或泛神论者。如果其重要意义为西方所知，道家可能也会遭到激烈的批判。事实上，西方持自然神论立场的很多启蒙思想家都认为道家和儒家是无神论者。

2　道的演化：自然哲学与大众宗教

对那些理解道家的人来说，东方或许已经获得了一个超越宗教的世界。从哲学和思想的角度看，这是事实。就人与自然的关系而言，自然神论的斯宾诺莎式西方思想家到达了东方早在 2500 年前就已达到的高度。

道家哲学与大众道教

但是，如果考虑到尽管自然哲学占上风，但东方的普通人仍然形成了有神论趣味，那么答案就不是如此斩钉截铁的。重申一下，从这个角度看，人们甚至可以说，东方许多人转向了西方的有神论，而西方很多思想家正在转向东方自然哲学。

东方的大众性和宗教性道家的出现就很能说明问题。区分作为哲学的道家（《道德经》和其他原初经典中所阐释的思想）和作为神秘主义、迷信和大众准宗教（几个世纪后形成的教派，结合了道家的名称和佛教、萨满教或者其他宗教的实践）的道家非常重要。在东方，作为自然哲学的道家与作为萨满教式大众宗教的道教在历史上一直并存，而且直到现在仍然如此。

上帝通过启示给人类提供了西方的超自然宗教。从信仰的角度看，情况就是这样的，过去如此，现在可能依然如此。但是，从人类学的角度看，超自然宗教的根源可以追溯到萨满教。人们可能像某些西方无神论者一样，认为上帝以及道德准则不过是人类构建出来的东西，宗教活动是欲望的满足。但是，历史记载显示，萨满教早于一神教，按照无神论者的说法，神是人类创造出来的。萨满教或许早在新石器时代就开始了，可以被认为是最古老的信仰，先于所有有组织的宗教。它肯定到处存在于世界任何地方，包括东方和西方，而且至今仍然存在于很多地方。

萨满以牧师或者巫师的形象扮演了物质世界和精神领域的中间人角色。他们执行超自然任务，如治愈病人或精神错乱者，或通过占卜预测未来。为了这些目的，萨满在个人生活和更大的社会层面都使用精神力量。在古代世界，萨满教作为迷信或原始宗教，其角色是重要的。但是，从萨满教共同的和共享的遗产来看，东西方选择的道路似乎正好相反。受到扩张性环境的驱使，西方选择了超自然宗教的道路，把犹太教与基督教作为其文明的核心因素。另一方面，处于受限制的环境里，东方选择了自然哲学的道路，形成以儒家和道家为核心支柱的文明。

然而，在东方将自己等同于超自然神灵的萨满教冲动并没有因为存在合理且顺应自然的儒家和道家而消失。[1]但是，萨满教在东方仅存在于社会边缘的普通民众中，而完全合乎理性的儒家和道家则占据了主流地位。在西方，在一神教的基督教被宣布为国教之后，一直留存于希腊罗马多神教中的萨满教传统就被镇压了。

有神的道教

东方残留的萨满教积极与道家哲学互动，形成了具有萨满教形式的、宗教性的道教。道教的出现及后来的发展似乎主要受到从外部传入的佛教的刺激和影响，从很多方面看，佛教是印度教的分支。当佛教在公元一世纪被引入东方之后，它与已经存在的道家互动和融合，佛教经典的翻译使用了现有的道家术语。在第一个千年里，佛教和道家在东方赢得了影响力，而儒家因此承受了影响力减弱的代价。

事实上，佛教和大众道教在东方共同发展，相互之间产生了深刻的影响和融合。第一个有组织的大众性的萨满教式道教出现在公元二世纪末期大乘佛教被引入之后。在佛教的影响下，大众的道教具有了有神论宗教的很多特征，如启示——把《道

---

〔1〕 比如在韩国，萨满教的活动在最近以前都还存在。女性萨满被称为巫堂（mudang），男性萨满被称为博树巫堂（baksoo mudang）。［此种中文译法借用苏杭："韩国萨满教、基督宗教和民族—国家认同"，载《宗教社会学》第 3 辑（2015 年），https://www. douban. com/group/topic/92565877/——译注］虽然萨满正在快速消失，但是带有萨满味道的算命直到最近还非常盛行，尤其是在金融和婚姻方面。日本萨满教也是萨满教一个高度精细化的分支。在中国，萨满教得以流传下来的最显著的方式是大众道教道士和道观。

德经》的作者老子变成了神圣和永生的人。宗教性的道家借用很多主要来自大乘佛教的神祇，也形成了礼拜程序。就像佛教的神祇那样，道教的神祇也都各自承担了一些特定的角色，如智慧、裁断和保护等。

　　道教是如何接受道家哲学中并不存在的神灵的呢？从心理学上来说，大众需要来自神祇的赋能授权那种感觉。很难判定在萨满教、印度教和大乘佛教中，究竟是哪一个产生了最大的影响。但是，在本来充满了自然倾向的、合乎理性的东方哲学中，神灵的出现碰巧与道教的出现和大乘佛教的引入处于同一时期。同样也不可能衡量在东方将神祇普及化方面道教和大乘佛教彼此所产生的影响的程度。佛教创始者释迦牟尼讲授的佛教并不承认创造者神，更不要提其他神灵了。但佛教的分支大乘佛教——被引进中国，后来又传播到朝鲜、日本和越南——的确承认很多神灵，其中佛祖是最顶端的神。

　　因此，除了异常明显地强调慈悲之外，对佛祖及其他很多因获得觉悟而成为超自然存在的神灵的尊敬和崇拜，在大乘佛教中也是很重要的。这与在东南亚传播的更正宗的上座部佛教/小乘佛教形成对比，小乘佛教并没有特别强调慈悲或神灵概念。中国、朝鲜、日本和越南的大乘佛教相信很多"佛"，各自有着不同的专门领域，如智慧、保护、治愈、救赎，这些与希腊罗马多神教的神没有多大不同。人们崇拜这些神祇并向他们祈祷，是为了寻求帮助和恩惠。他们也开发出修道法则、宗教组织、寺庙等级等，所有这些在佛教最初的教导中都是不存在的。

　　到了公元六世纪时，佛教和道家都发展得非常有影响力。

两者之间的相互影响和融合性影响发挥了实质性作用，以至于在六世纪出现的禅宗佛教可以被视为道教和佛教的结合体。禅宗采用了佛教的静坐修炼法，刻意与佛经和知识保持距离，最终目标是获得顿悟。它把自己的关注点放在当下这个世界而不是道教的死后生活，目标是活在这个世界当下的每个时刻。

与禅宗佛教之出现并行的是，道教进一步朝着超自然萨满教的方向演化，继续创造新的神灵。反过来，还修建了很多道观来崇拜这些神灵。唐朝（公元 618~906 年）时候，佛教和道教的影响非常之大，以至于皇帝正式宣布承认这两种宗教。与其他二位顶级神祇（元始天尊/前身盘古真人、灵宝天尊/太上道君与通天教主）一起，老子成为道教万神殿中最重要的神灵（道德天尊/太上老君与太上道祖老子——译注）。《道德经》的老子可能会对这个有趣的发展感到可笑，这与他的教导绝对是截然相反的。

对人们来说，作为对此世之奖励和惩罚的死后的天堂和地狱概念或许是一个强大的心理机制。几乎与基督教在西方普及这个概念的同时，大乘佛教也在东方普及了同样的天堂和地狱概念。在大乘佛教中，天堂被称为西方极乐净土（sukhavati），地狱被称为那落迦（naraka，意为 underworld 即阴间）。[1]正如在基督教中那样，地狱的惩罚对人们的影响似乎比天堂的奖励更大。事实上，在大乘佛教中，地狱的概念发展得比极乐净土

---

[1] 或许印度教是基督教和佛教的共同根源。其线索可能是源自梵语的佛教术语"极乐净土"和"地狱"，而在基督教使这个观念在西方传播开来之前，犹太教并没有严肃对待这个说法。

更加全面。大乘佛教包括八热地狱和八寒地狱，由人们在现世生活中犯下的恶行的程度和性质决定，这与但丁（Dante）在《神曲》中描述的九层地狱不同。

虽然来世的概念在佛教中被普及化，但就像道家哲学一样，道教坚持认为伦理学和道德准则是人为构建的产物，拒绝接受任何永恒存在的灵魂概念，即保存在天堂和地狱里的死后生活。因此，道教的关注点在于长生不老、驱邪、炼丹、传统医术、武术和达到出神的技巧等，而不是来世或死后生活。在此过程中，宗教性的和大众性的道家借用和共享了道家自然哲学中的概念和术语，这些在文人那里和大众道教中都被完好无缺地保留下来，没有多大变化。

道家符号

在宋朝（公元960～1279年）的时候，儒家在之前唐朝更喜欢道家和佛教的背景下再度复兴。在这次复兴中，道家宇宙论作为理气形而上学而被纳入儒家，由此诞生了宋朝的新儒学，即理学。宋朝哲学家周敦颐（1017～1073）是将儒家伦理体系与道家宇宙论融合起来的先驱者。这种融合是儒家对道教和佛教所体现出的非理性倾向做出的回应。

周敦颐是第一位制出以阴阳为基础的太极图的东方思想家。阴阳主题似乎具有普遍的吸引力。如前所述，它首次出现在西方是作为公元一世纪的凯尔特涂釉彩的铜徽章上的图案，后来在公元五世纪时又作为西罗马步兵团使用的盾牌图案。在十五世纪，明朝（公元1368～1644年）初期，道家开始使用太极图作为其象征。虽然太极图作为测量地球相对于太阳的运行的图表，拥有理性的和科学的基础，但现在又为道家增添了必要的形而上学色彩。因此，通过采用和广泛使用太极图，大众性的道教拥有了强有力的宗教象征，堪比犹太教的多连灯烛台、佛教的莲花和基督教的十字架。

意大利罗马提图斯凯旋门（Arch of Titus）上的多连灯烛台
犹太教的象征

太极图："万物负阴而抱阳"
道家的象征

这导致东方出现了一个令人好奇的配置结构。一方面，儒家和道家哲学仍然非常理性和自然，而另一方面，道教和佛教在民众中得到广泛传播，民众崇拜其超自然的神祇，并向其祈祷。但是，道教和佛教在东方典型地维持了一种兼容并蓄的态度，不像一神教那样彼此排斥，或者对其他思想流派排斥。因此，东方基本上没有经历过宗教战争。这是因为道家自然哲学仍然在思想界和领导层中盛行而不受影响，萨满教式的、宗教性的道教则在普通民众中盛行。

这是对东方道家演化的大致描述。令人好奇的是，道教的出现显示了西方宗教相反的演进模式。东方从自然哲学转向自然哲学和超自然宗教的二元论，而西方则从超自然宗教转向超自然宗教和自然哲学的二元论。从自然和理性的道家哲学向道教的演化过程证明，在东方，对于很多人而言，在自己与超自然存在之间建立联系是一种心理需要，而且是一种根本需求，以至于很难仅仅依靠理性就能把它消除。与此同时，重要的是，虽然二元论的最终结果似乎非常相似，但两千多年的影响仍然深刻而广泛。东方文化维持了自然哲学的根本要素，而西方文化维持了超自然宗教的根本特征。这种差异解释了为什么东方对从其他文明中学来的超自然宗教抱有一种兼容并蓄的态度，而西方虽然朝自然神论和斯宾诺莎主义进行着有意义的演化，但仍然维持着一神教的立场。

East and West:
Taoism Versus Judaism

第七章

人与自然关系的东西方和解

从哲学的角度看，很难想象道与上帝能够和解。但是，从心理学的角度看，人展示出了想象真理的两种模式：不可言喻性和可言喻性。在二十一世纪，无论在东方还是在西方，人们都见证了自然哲学（不可言喻性）和超自然宗教（可言喻性）之间越来越多的和解。

1 自然神论：道与神的和解

尽管试图将道家置于西方体系的语境下是徒劳的，但是，在西方有关宗教的诸多繁复缤纷的概念里，自然神论和无神论可以作为对道家非常有用的参照系。虽然就创造者上帝的存在而言，自然神论和道家存在不同的观点，但是，就人与自然的关系而言，人们能够通过自然神论的棱镜而不是无神论或者其他后自然神论的西方立场来考察东西方的和解。这里有一个关键理由：在西方术语中，无神论可意指一种像道家的自然哲学，但是也可以意指一种非伦理的思想体系，因为人们可以由此摆脱已经不存在的上帝的任何伦理教导的限制。对于后一种情况而言，无神论与道家更是南辕北辙，因为道家在根本上而言是伦理性的。道家假设人应该是伦理性的，因为它服务于自我保存的目的。这个认识引领我们在上帝和道的伦理立场方面得出两个结论，一个相同，一个相反。道家和有神论都认为伦理（以及法律）对人类是最重要的。但是，道家假设人类出于自我保存应该讲伦理，而有神论假设人类应该讲伦理是因为上帝命令他们这么做。

在启蒙时期，包括自然神论者在内的很多西方思想家都很困惑，东方怎么能够在没有宗教的情况下维持一种伦理体系呢？他们的好奇是在有神论框架内思考引起的，因为他们还没有充分理解道家和儒家所体现的东方自然哲学。自然哲学认为，伦理是在竭力自我保存的人类社会所出现的、内在的、不可缺少的组成部分。这回应了西方对无神论的担忧：一个无神论者的态度或许是可以理解的，但是道德和伦理怎么办？许多西方思想家担忧，一个没有上帝的世界可能就意味着一个不讲道德的世界，在这个世界里，人类没有任何道德和伦理基础；也意味着一个非目的论的世界，在这个世界里，人生即便不是悲惨的，也将毫无意义。对西方的这种担忧，东方的回答是，人类需要伦理（和法律）是出于自我保存的需要，而非因为上帝的命令。这个答案超越了西方有关伦理如何能在无神世界里维持下去的辩论。

美国宪法与自然神论

西方在自然神论上的觉醒碰巧与西方启蒙运动时期引入儒家和道家的自然哲学同步。因此，在《摩西五经》成文两千年之后，西方启蒙运动开始质疑西方上帝的根本属性，即启示、人格化、奇迹和肯定性的反对邪恶的善良的上帝。从这些问题中，出现了自然神论，而且其影响也越来越大。它激励了美国革命，法国也在法国大革命期间宣布自然神论为其国家宗教。很多人认为美国的杰出缔造者如华盛顿、杰斐逊、富兰克林、约翰·亚当斯都是彻底的自然神论者。美国宪法宣扬一种清晰的世俗主义：

国会不得制定法律尊奉国教或禁止宗教自由。国会无权通过限制公民的言论、出版、集会、请愿自由的法律。[1]

就对待超自然宗教的态度而言，西方经历了一个漫长的过程。从公元 380 年到公元 1791 年，西方经过 1400 多年才正式宣布放弃国教。在公元 380 年 2 月 24 日，罗马皇帝狄奥多西（Theodosius）签发敕令，确立基督教作为罗马帝国的国教。这个敕令和后来迫害异教徒的系列敕令被统称为"狄奥多西敕令"。它们为基督教在西方争得了绝对地位。这些敕令禁止声明放弃基督教（背信变节），禁止传统的宗教牺牲和礼仪，禁止拜访传统的避难所和神庙（谁也不能靠近祭坛或者走近神庙），禁止崇拜人手制成的雕像。

在基督教于公元四世纪成为罗马帝国的官方宗教之后，对奇迹和相关的人格化的质疑在西方几乎完全消失了。直到 1300 多年之后的十七世纪和十八世纪，西方才开始重新质疑这些观

---

〔1〕　采用的是 1791 年 12 月 15 日美国宪法第一修正案。

点。斯宾诺莎（1632～1677）和伏尔泰（1694～1778）是首批雄辩地指出奇迹和后续的上帝人格化所存在的问题的杰出的西方哲学家。

有许多人妄自揣想，以为神与人一样，具有形体与心灵，也受情欲支配，他们的看法离开神的真观念有多远……说绝对无限的神有长宽高，有体积形状，真是不通之至。[1]

因此，人们莫不竭尽心思，多方铺张，以媚祀天神，冀博上帝欢心，使得上帝拿出整个自然界来满足他们盲目的欲望与无餍的贪心。于是，这种成见就逐渐变成迷信，深入人心，而难以拔除。[2]

总而言之，我们向上帝祈祷，只是因为我们按自己的形象创造了他。我们对待他就像对待帕夏（pasha，旧时奥斯曼帝国和北非高级文武官的称号——译注）和苏丹（sultan，伊斯兰教历史上一个类似总督的官职——译注）——人们既可以激怒，也可以讨好的对象。[3]

与人格化一起，上帝对人的启示也受到质疑。比如，托马斯·潘恩（Thomas Paine）认为启示肯定只有获得启示的人才会去关心。

---

〔1〕 Spinoza, Ethics, vol. 1, prop. 15. 此句引自斯宾诺莎：《伦理学》，贺麟译，商务印书馆 2014 年版，第 13 页。

〔2〕 Spinoza, Ethics, vol. 1, appendix. 此句引自斯宾诺莎：《伦理学》，贺麟译，商务印书馆 2014 年版，第 36 页。

〔3〕 Voltaire, The Works of Voltaire (2010), Kindle edition, Kindle locations 8329～8330.

当摩西告诉以色列的孩子们，他从上帝的手中获得了两条诫命，他们被迫相信他，因为他们没有其他权威，只能听他告诉他们。我没有其他权威，只能听某些历史学家告诉我这些，诫命并没有携带任何内在的神圣证据。[1]

因此，在启蒙运动时期（理性时代），西方很多思想家开始大声反对宗教教条、奇迹、《圣经》的无差错性（宗教权威无差错性）和人格化。他们的挑战既具有巨大的威力，也很危险，因为这些特征是有神论的基础。宗教不宽容、宗教改革和反改革以及宗教战争造成了罄竹难书的灾难和冲突，包括十六世纪的圣巴塞洛缪殉难日（Saint Bartholomew's Day）大屠杀和十七世纪的三十年战争。这些灾难成为西方宗教"理性化"的强大催化剂，结果就出现了与传统有神论相反的自然神论。

自然神论与道家

就上帝的定义而言，公元前六世纪的道家哲学非常类似于十八世纪启蒙时代西方的自然神论。就像自然神论者的上帝一样，道是永恒的原则，但它不干涉人类事务，也不演示奇迹或者超自然现象。自然神论者认为这些都是不理性的。

---

〔1〕 Darryl Marks and Thomas Paine, Thomas Paine Complete Works—Ultimate Collection—Common Sense, Age of Reason, Crisis, The Rights of Man, Agrarian Justice, ALL Letters and Short Writings（Everlasting Flames Publishing, 2011）, Kindle edition, Kindle locations 8329~8330.

因此，要是有人想探求奇迹的真正原因，取学者的态度来了解自然而不随愚人那样煞有介事、大惊小怪，便难免不被那些愚人所信奉的自然解释者和天意传达者所指斥为鼓吹邪说亵渎神圣了。[1]

永恒者亘古以来有其意图。如果祈祷符合其不可改变的希望，那向他要求他已经决心要做的事就是没有用的。如果人们祈祷他做与他已经决心要做的相反的事，那是在祈祷他软弱、多变、前后不一；那是相信他是如此做派，是在嘲讽他。[2]

所有人，都因为欲望和恐惧而求助于神的帮助……简而言之，所有国家都向上帝祈祷：聪明人妥协将就，遵从上帝。[3]

在西方自然神论中，人们可以看到东西方清晰的和解。自启蒙时代以来，西方已经从自然神论更进一步，走向一种更彻底的、摆脱教条的态度，至少在思想上确保了与东方的进一步和解。威廉·曼彻斯特（William Manchester）和保罗·雷德（Paul Reid）在《最后的雄狮：帝国捍卫者温斯顿·丘吉尔 1940～1965》里描述了丘吉尔的信仰。他不相信干预人类事务的超自然神的存在，他反对与人死后生活相伴的天堂和地狱概念。像希特勒这样的邪恶力量或许会占上风，但是，挫败邪恶力量使其无法取得胜利的任务最终要落在人而非上帝的身上。他对基督教之慈悲价值的赞同也是出于他个人的信仰，而不是来自教

---

〔1〕 Spinoza, Ethics, appendix. 此句引自斯宾诺莎：《伦理学》，贺麟译，商务印书馆 2014 年版，第 39 页。

〔2〕 Voltaire, The Works of Voltaire, Kindle locations 8324～8328.

〔3〕 Ibid., Kindle locations 8318～8332.

义的命令。[1]事实上，就宗教和上帝而言，丘吉尔的哲学几乎与斯宾诺莎主义和道家没有什么区别。

　　丘吉尔些许偏狭的神学倾向往往有意拥抱斯宾诺莎的不干涉人类事务的自然神：上帝帮助自助者……罗斯福会为登陆诺曼底的士兵写祈祷文：它赫然出现在《纽约时报》6月7日的头版。丘吉尔既不写祷告文，也不进行祷告。[2]

　　一本《圣经》至今都放在他查特威尔（Chartwell）的床头柜上面。这个场面感动了很多参观者，他们由此得出结论认为他是从《圣经》中获得指引的。（但是）他没有。当有人问他是否阅读《圣经》时，丘吉尔回答说，"是的，我读，不过仅仅出于好奇"……有一天吃午饭时，丘吉尔说，"每个国家都根据自己的形象创造了神"。历史使人相信这个判断；甚至希特勒都声称神站在他那一边。[3]

　　正如丘吉尔的例子所显示的那样，即使当今很多西方思想家事实上赞同道家思想体系——认为永恒存在或绝对原则（道或上帝）在本质上是不可启示的、自然的、不可言喻的——但他们仍然相信永恒存在或绝对原则的肯定性。一神教的影响和遗产是如此深刻和普遍，以至于西方思想家只能用有神论定义

---

　　〔1〕　William Manchester and Paul Reid, The Last Lion: Winston Spencer Churchill: Defender of the Realm, 1940～1965（Little, Brown, 2012）, Kindle edition, Kindle locations 454～459 and 509～517.

　　〔2〕　Ibid., Kindle location 16542.

　　〔3〕　Ibid., Kindle locations 487～493.

他们自身的思想：有神论、自然神论、无神论、泛神论、泛自然神论、自然主义，等等。他们只能在宗教、非宗教、无关于宗教和漠视宗教等的框架内定义其思想，而无法超越（beyond）宗教这个框架本身。同样，有些人只能在善恶对立的背景下思考，而不能超越善恶。西方在接受道家的否定式路径时面临很多困难。

东方之道不能用上面任何一种西方的主义来定义。从根本上说，东方文明建立在自然哲学的基础上，它超越了西方的宗教和非宗教定义。它就像"一个超越宗教的世界"，或者某些西方思想家强烈希望拥有的那种世界。在东方，一个超越宗教的世界之所以是可能的，这多亏了道家——其基本理念是超越宗教的——为东方文明奠定的基础。

但是，道家所崇信的超越宗教的世界和许多西方人猜测的并不完全一样。像犹太教一样，道家接受绝对真理的存在。但是，它并不认为人类能够获得绝对真理。在某种程度上，道家与不相信绝对真理或永恒原则的无神论是相反的。就伦理而言，道家建立在这样一个原则上，即人能做什么不能做什么是有着清晰的边界的，这是自然所规定的。自然通过其显露出的现象来走近人。人所能够理解的是自然的表象，而不是自然的本质。换句话说，人们或许能够"理解"（understand）但不能"抓住"（grasp）自然的本质。事实上，"不可言喻性"也正是东方文明的关键。

要恰当理解道家内在的自然哲学，人们需要超越西方的宗教概念或者上帝的概念。在东方，父母没有向孩子灌输任何超自然宗教的传统。根本不需要担心人死之后的天堂地狱之类，因为道家认为，如果你能控制自己的贪婪的话，此世就是天堂。

2 道家与斯宾诺莎主义：人与自然的和解

在文明层面上，当定义人与自然的关系时，东方只有一种路径：道家。而西方至少有四种：有神论、自然神论、泛神论和无神论。许多西方人认为，后两种路径即泛神论和无神论与斯宾诺莎主义密切相关。其实，自然神论和斯宾诺莎主义之间存在一个关键的差别。自然神论认为上帝创造了自然，而斯宾诺莎主义认为上帝就是自然。在这方面，人们能够发现斯宾诺莎主义与道家之间的共同点甚至比斯宾诺莎主义与自然神论之间的共同点还要多。

斯宾诺莎主义：上帝或者自然

在解释上帝和自然为何是一回事，如何是一回事，上帝或自然为何是非目的论的存在，以及人在自然中的地位等问题上，斯宾诺莎简直就是一位正宗的道家哲学家。

自然并不有目的地做任何事。那个被我们称为上帝或自然的永恒的和无限的存在，其行动与其存在出自同样的必要性。因为我们已经展示出他行动的必要性与他存在的必要性是一样的。因此，上帝或者自然行动的理由或原因，与他存在的原因是一码事。因为他的存在并没有任何目的，所以他的行动也没有任何目的。正因为其存在没有原则或目的，其行动也没有原则或者目的。[1]

要一个人不会是自然的一部分……这是不可能的。个体事物（人当然包括在内）借以保持其存在的力量就是神或自然的力量。[2]

自然本身没有预定的目的，而一切目的因只不过是人心的幻象。[3]

因此，如果人们在阅读东方文献时理解道有困难，只需阅读斯宾诺莎的《伦理学》即可。他对神的特征的描述与道异常相似，几乎到了与道完全一样的程度。斯宾诺莎对神的解释与《道德经》中所描述的道的特征到了几乎分不清彼此的地步。斯宾诺莎在《伦理学》中这样解释神的特征：

一个绝对无限的存在……不可分的……不受情感的影响……没有预定的目的……没有意志或者欲望……自然本身……心智的最高善是神的知识，心智的最高美德是认识神……神并不爱或者恨任何人……没有人能恨神……对神的爱不可能转变为恨……爱神的人不应该试图让神也反过来爱他。

---

[1] Benedict de Spinoza, Ethics, trans. E. M. Curley（UK：Penguin Books，1996），114.

[2] Spinoza, Ethics, vol. 4, prop. 4. 此句引自斯宾诺莎：《伦理学》，贺麟译，商务印书馆2014年版，第173页。

[3] Spinoza, Ethics, vol. 1, appendix. 此句引自斯宾诺莎：《伦理学》，贺麟译，商务印书馆2014年版，第37页。

下面这些话清晰地展示了斯宾诺莎主义与道家的相似性。这些话改编自斯宾诺莎的《伦理学》对相似命题进行解释的部分，只不过用"道"替换了"神"：

道，我理解为绝对无限的存在。[1]道或实体，具有无限多的属性，而它的每一个属性各表示其永恒无限的本质，必然存在。[2]道、绝对无限的实体是不可分的。[3]除了道以外，不能有任何实体，也不能设想任何实体。[4]一切存在的东西，都存在于道之内，没有道就不会有任何东西存在，也不能有任何东西被认识。[5]道不仅是万物存在的有效起因，而且是其本质；万物都存在于道之内，且如此依赖于道，以至于没有了道，它们就无法存在或者被认识；[6]人不是自然的一部分，这是不可能的；心灵的最高的善是对道的知识，心灵的最高的德性是认识道。[7]道不爱人也不恨人，既然道决不会为任何苦乐的情感所激动，所以道不爱人也不恨人。[8]一物竭力维持其存在的努力不是别的，即是那物的现实本质。[9]一物（人当然包括在内）借以保持其存在的力量就是道或自然的力量。[10]因此，人

---

　〔1〕　引自斯宾诺莎：《伦理学》，贺麟译，商务印书馆2014年版，第1页。
　〔2〕　引自斯宾诺莎：《伦理学》，贺麟译，商务印书馆2014年版，第9页。
　〔3〕　引自斯宾诺莎：《伦理学》，贺麟译，商务印书馆2014年版，第12页。
　〔4〕　引自斯宾诺莎：《伦理学》，贺麟译，商务印书馆2014年版，第13页。
　〔5〕　引自斯宾诺莎：《伦理学》，贺麟译，商务印书馆2014年版，第13页。
　〔6〕　引自斯宾诺莎：《伦理学》，贺麟译，商务印书馆2014年版，第17页。
　〔7〕　引自斯宾诺莎：《伦理学》，贺麟译，商务印书馆2014年版，第189页。
　〔8〕　引自斯宾诺莎：《伦理学》，贺麟译，商务印书馆2014年版，第250页。
　〔9〕　引自斯宾诺莎：《伦理学》，贺麟译，商务印书馆2014年版，第105页。
　〔10〕　引自斯宾诺莎：《伦理学》，贺麟译，商务印书馆2014年版，第173页。

的力量，就通过他自身的实际本性来解释的那样而言，就是道或自然的无限力量的一部分，换言之，就是道或自然的本质的一部分。[1]因此，道只是按照它的本性的法则而行动，不受任何东西的强迫。[2]没有人能恨道；凡爱道的人决不能指望道回爱他。[3]有许多人妄自揣想，以为道与人一样，具有形体与心灵，也受情欲的支配。他们的看法离开道的真观念有多远，前面已经充分证明过。[4]

　　在所有这些定义中，斯宾诺莎的神与道的概念密切对应，与西方神的概念截然相反。难怪斯宾诺莎被尼古拉斯·马勒伯朗士（Nicolas Malebranche，1638~1715）等西方思想家视为东方哲学家。虽然有着两千多年的时间跨度，在这个令人吃惊的哲学相似性的核心是这样一个事实，即道家和斯宾诺莎都认定神就是自然。道家得出这个没有任何偏见或者先入之见的结论是下了一番功夫的，这归功于即使没有千年至少也有几个世纪对自然和人的关系的耐心和客观的观察。在大约两千年之后，斯宾诺莎通过了不起的思想能力而得出相同的结论。或许不无争议，但斯宾诺莎仍然是系统地阐述这种观点的最重要的现代哲学家。

　　在斯宾诺莎之前还有其他现代西方思想家认为神就是这个世界的天然原则，比如乔尔丹诺·布鲁诺（Giordano Bruno，1548~

---

〔1〕　引自斯宾诺莎：《伦理学》，贺麟译，商务印书馆 2014 年版，第 250 页。
〔2〕　引自斯宾诺莎：《伦理学》，贺麟译，商务印书馆 2014 年版，第 18 页。
〔3〕　引自斯宾诺莎：《伦理学》，贺麟译，商务印书馆 2014 年版，第 250 页。
〔4〕　引自斯宾诺莎：《伦理学》，贺麟译，商务印书馆 2014 年版，第 13 页。

1600）和 卢奇利奥·瓦尼尼（Lucilio Vanini，1585~1619）。瓦尼尼认为神等同于自然，两者都纯粹地指向物体的运动法则。布鲁诺和瓦尼尼都因为异端邪说和无神论而被烧死在火刑柱上。在斯宾诺莎之前，托马斯·霍布斯（Thomas Hobbes，1588~1679）已经在冒着被逐出教会的风险质疑启示和天堂地狱理论的可靠性了。斯宾诺莎当然也非常熟悉十二世纪的犹太哲学家摩西·迈蒙尼德（Moses Maimonides，1135~1204）的否定神学。斯宾诺莎是这一西方辩证哲学流派的最高峰。

道家（相对真理）与无神论（没有真理）

将神等同于自然之后，斯宾诺莎哀叹——大部分东方人可能都会这么做——作为制度的有组织宗教是人类的分裂者而不是融合者。在大约五百年之后，理查德·道金斯（Richard Dawkins）通过斯宾诺莎的思想框架想象了一个无宗教的世界。

与约翰·列侬（John Lennon）一起想象一个无宗教的世界。想象没有自杀式炸弹袭击，没有"9.11事件"，没有"7.7事件"，没有十字军，没有猎巫行动，没有火药阴谋（Gunpowder Plot发生于1605年，是一群亡命的英格兰乡下天主教人群试图炸掉英国国会大厦，并杀害正在其中进行国会开幕典礼的英国国王詹姆士一世及其家人及大部分新教贵族的不成功计划。——译注）没有印巴分治，没有以巴战争，没有塞族人/克罗地亚人/穆斯林屠杀，没有对"杀害耶稣者"犹太人的迫害，没有北爱尔兰"麻烦"，没有"荣誉处决"（honour killings指男

243

性成员以"捍卫家庭荣誉"为由，杀害被他们认为与男子有"不正当关系"的女性家庭成员。——译注），没有衣着光鲜头发蓬松的电视传道者欺骗容易上当受骗的民众钱财（神想要你付出到心痛）。想象没有塔利班炸掉古代雕像，没有对亵渎神灵者的公开砍头，没有女性因为暴露了身体的一部分而遭鞭打。[1]

由于斯宾诺莎观点与道家观点的相似性，东方思想家可能很容易理解和称赞斯宾诺莎主义。然而，在有神论的西方，斯宾诺莎被视为无神论者、泛神论者和异端分子而遭到迫害。他的杰作《伦理学》只能在死后出版，而且在西方被禁止了几个世纪。西方很多伟大的哲学家秘密推崇斯宾诺莎，自由地从他那里借用观点，但却被迫公开谴责他，这是因为有神论的影响。自然神论仍然是被允许的，因为它承认创造了自然和人类的超自然神的存在。道家色彩的斯宾诺莎主义在西方得不到承认，因为它将神等同于自然，否认自然之上的超自然创造者的存在。

像斯宾诺莎主义一样，道家也可能因为无神论和泛神论在西方遭到谴责。它可能被视为无神论而遭到谴责，是因为道和斯宾诺莎的神都否定支持人格化和表演奇迹的神的传统神学；可能因为泛神论而遭谴责，是因为道家和斯宾诺莎都将神等同于自然。但是，道家和斯宾诺莎主义可能会拒绝将其自身与无神论或泛神论相提并论。道家和斯宾诺莎主义不同于无神论，因为，与无神论不同，他们承认全能的、无所不在的和永恒的

---

[1] Richard Dawkins, The God Delusion (Houghton Mifflin Harcourt, 2008), Kindle edition, 23~24.

存在（being）或者原则的存在（existence）。道家和斯宾诺莎主义不同于泛神论，是因为，与泛神论不同，他们并不承认神祇的存在。

道家和斯宾诺莎主义最多可以被描述为自然哲学，这正是某些对由神学和形而上学支配的西方思想体系感到幻灭的西方思想家所苦苦追寻的东西。从这个角度而言，人们就能够理解为什么莱辛（Lessing）宣称斯宾诺莎的哲学是唯一可靠的哲学。

正是莱辛恢复了斯宾诺莎的名誉。这位伟大的批评家在1784年的著名对话中让雅各比（Jacobi）感到震惊，因为他说，他在成年生活中一直是斯宾诺莎主义者，断言"除了斯宾诺莎之外，根本没有其他哲学"〔1〕。

道家和斯宾诺莎主义超越了典型的西方神学辩论。在启蒙时期，很多西方思想家对东方的儒家和道家不吻合他们的任何一种思想体系而感到沮丧。道家和斯宾诺莎主义不能被任何一种西方神学范畴语境化，包括有神论、自然神论、泛神论、无神论和不可知论。

3　不可言喻性与可言喻性的和解

自从智人在大约5万年前被赋予"心智"（mind）以来，人类已经确立了人与自然关系的两个根本路径：道和神。因此，

---

〔1〕 Will Durant, The Story of Philosophy (2014), Kindle edition, 84.

认识到人类心智在道和神之前就已存在是非常重要的。

　　崇拜是敬天，遵祖是义。但是人类心智在崇拜和义之前就一直存在。[1]（"尊祖敬天、物道相合"为义理核心。法敬天之义，以祖宗配享天帝，效尊祖之道——译注）

人类心志在道和神之前就已存在

　　道和神的概念在出现之后并不是一成不变的。它们随着人的心智而持续演变。西方的神从犹太教的部落神到基督教的普遍神，再到自然神论的理性神，最后到将神等同于自然的自然神，这一概念的演变过程显示出人类想要理性地理解自然的那种难以遏制的冲动。基于这种冲动，在2500年前的东方产生了道家和儒家。另一方面，从自然的、理性的道家哲学衍生出宗教性、大众性的道教，这则显示出，人类在自己和超自然实体之间建立联系以满足自身心理需要的那种同样难以遏制的冲动。这在西方当然是通过2500年前一神教的出现而实现和完成的。如果人们看到西方神的概念朝向东方的自然哲学进化，那么人们也能看到东方的道家概念在与西方的超自然宗教方向融合。

　　人类似乎一直在自然伦理和神赋予的伦理之间摇摆。从这一点看，人们能够得出这样一个结论，即无论宗教有多么强大，从制度和精神的角度看，人类抗拒非理性宗教教条的力量是根本压制不了的。人们还可以得出如下结论，无论它显得多么非

---

　　[1] Pearl S. Buck, Peony: A Novel of China (Open Road Media, 2012), Kindle edition, Kindle locations 2426~2427.

理性，人们从有神论中获得的赋能授权意识和舒适感——比如在自己和超自然神之间建立联系，相信超自然神会因此给予信者特殊关照，不论是此生，还是在死后——从心理学角度看实在太有吸引力了，人们不可能置之不理。因此，无论是道家自然哲学，还是伏尔泰、美国国父们、丘吉尔和爱因斯坦的自然神论，都不大可能彻底取代一神论而成为普遍接受的思想体系。东方之道的演化证明了这一点，人性不可能允许这样的发展。对人类给予特别关照的全能神的观念是一种对我们根深蒂固的心理需求有着直接吸引力的强大机制。著有《佛陀的启示》（What the Buddha Taught）的斯里兰卡罗侯罗化·普乐法师（Walpola Rahula）这样解释：

> 两种思想在人的心中根深蒂固：自我保护和自我保存。为了自我保护，人们创造了神，他依靠神保护自己，保护自己的安全和平安，就像孩子需要父母的保护一样。为了自我保存，人们设想了不死的灵魂概念。[1]

这种心理需要不可能单单依靠理性就能消除，因为它扎根于情感和欲望领域。归根结底，理性更多是为激情（passion）服务的管理者，而非激情本身的管理者。大卫·休谟和伯特兰·罗素描述了理性与激情的关系：

> 理性只能是激情的奴隶，除了侍奉和服从激情，不能假充

---

〔1〕　Walphola Rahula, What the Buddha Taught（New York：Grove Press, 1974），51~52.

自己尚有别的差事。[1]

欲望、情感和激情（你可以选择任何一个你喜欢的词）是行为的唯一可能理由。理性不是行动的起因，而只是管理者。[2]

心理学：自然哲学和超自然宗教

正如当代科学认为的那样，人的心理方面不能与其生理方面分割开来。它们是一回事：

生理和心理是融合在一起的，分不开的。[3]

这将让人有两个选择来实现其自我保存的本能。人可以选择超自然宗教，将自己的人生托付给神的双手，他将关照我们此世的生活和死后的生活；或者选择自然哲学，这将让人享有从内在于宗教中的思想限制和非理性教条解放出来的自由。传统上，第一个选项是西方的，第二个选项是东方的。但在今天，可言喻性与不可言喻性频繁地交会融合，因而，在传统上是有神论的西方，很多人开始选择后者，成为非宗教性的人；而在哲学性的东方，也很多人选择前者，变成了宗教信徒。东西方在可言喻性与不可言喻性方面的这种交会融合，其结果如何呢？幸运的是，他们在交融的同时，彼此和平共存。

---

[1] Hume, The David Hume Collection: 17 Classic Works, Kindle locations 6152~6154.

[2] Reason: The Slave of the Passions, Extracts from Human Society in Ethics and Politics (1954).

[3] Noyes and Kolb, Modern Clinical Psychology, 15.

曾几何时，超自然宗教的影响力是如此地强大，以至于西方每个家庭都感到有义务将其宗教传给后代。在西方，这种宗教传承在 1500 多年间一直被视为神圣的义务：

如果你是教徒，极有可能你是继承了父母的宗教信仰。如果你出生在阿肯色州，并认为基督教是真的而伊斯兰教是假的，并且你很清楚，如果你出生在阿富汗的话，你的想法会正好相反，那么，你就是儿童时期被思想灌输的受害者。如果你出生在阿富汗，这个说法在细节上适当修改后仍然适用。(Mutatis mutandis<拉>)。[1]

非常幸运的是，西方消除了它咄咄逼人的迫害性宗教和排他性的极端主义，这些是近 1500 年间制度化基督教的典型特征。人们能够希望东方自然哲学和已经最终摆脱了排他性和不宽容的西方超自然宗教之间的和解，将导向人在自然中的语境化——人在宇宙中找到自己的适当位置。

结果是在二十一世纪，在对待其他宗教的宽容态度方面，西方的一神教基督徒与东方的兼容并蓄的道家或者基督徒并没有多大的差别。与此同时，在人与自然的关系方面，西方"无神论者"的哲学思想也与东方的道家自然哲学没有太大差别，尽管西方的无神论思想家可能还没意识到这一点。

由此可见，明确和全面的东西方和解是存在的。同时，经验告诉我们一个重要的教训：引领那些肩负社会及整个人类之

---

[1] Dawkins, The God Delusion, 25.

自我保存重要使命的领袖人物的，正是理性的哲学，而非宗教教条。我们已经考察过一位名叫荀子（公元前 298 年~公元前 238 年）的东方思想家在这个问题上的深刻见解："雩而雨，何也？曰：无何也，犹不雩而雨也……故君子以为文，而百姓以为神。"（《荀子·天论》）

荀子警告君主在管理国家事务时崇尚迷信和教条的危险性。斯宾诺莎也指出国家以信仰的名义迫害善行的危险性：

> 我们的确指控那些人，他们把所有不同于他们的人当作神的敌人来迫害，无论人家的生活多么可敬，多么高尚；而另一方面，他们把所有赞同他们宗教的人当作上帝的选民来珍视，无论这些人是多么愚蠢。这种行为方式对国家来说是邪恶和危险的，任何人都能想象到。[1]

最终，信仰和行为之间的辩证关系可以归结为人们如何看待人与自然的关系，尤其是人在宇宙中的地位。

齐格蒙德·弗洛伊德（Sigmund Freud）认为，我们最伟大的科学见解的历史已经充满讽刺意味地反映了人类物种在持续不断地从宇宙舞台的核心向外退却。在哥白尼和牛顿之前，我们认为人类生活在宇宙的中心。在达尔文之前，我们认为仁慈的上帝创造了人。在弗洛伊德之前，我们想象自己是理性动物

---

〔1〕 Baruch Spinoza, Classic Philosophy: Three Books by Spinoza in a Single File (B&R Samizdat Express, 2009), last modified September 13, 2010, Kindle edition, Kindle locations 9794~9799.

（当然是思想史上最不谦虚的想法之一）。如果亲缘选择理论标志着这种退却的另一个阶段，它将推动我们远离支配其他动物这种想法，而朝着尊重和团结其他动物的方向前进。[1]

自我保存

虽然有这个理性认识，但就如何管理我们的生活而言，我们只有一种心理—哲学根基即自我保存。有些人选择了认同关照人类的超自然神（可言喻性）；有人选择追求自然哲学（不可言喻性），相信对人的遭遇负最终责任的，是人，而不是天。人类为何有两个选择以及是什么促成我们作出不同的选择，这些问题一如既往地令人着迷。但是，我们能接受这两种选择，这一事实本身就已经是人类行为上的巨大进步了，因为这样一种开放的接受态度将有助于减缓基于不同信仰而产生的宗教狂热和迫害。

道和神有效地描述了人类在人与自然关系上的两种选择：自然哲学和超自然宗教或者不可言喻性和可言喻性。有些人以成为超验之神的信徒来安顿身心，认为是神创造了高于自然的人类，并且人们可以向神祈祷以获得特别恩赐。有些人成为无所不在的天道的追随者，以此来安身立命，道将人视为自然的一部分，并向人显示出遵循天道的方式，不过没有任何特别恩赐。

既然就人的知觉、解释、概念和行动而言，我们有两个基

---

〔1〕　Gould, Ever Since Darwin: Reflections in Natural History, 267.

本模式和范式——东方和西方，如阴/不可言喻性-阳/可言喻性，那么我们能够从这些对比中得出什么呢？理查德·尼斯比特教授是在此问题上提出深刻见解的罕见的西方思想家之一：

> 在某种意义上，就社会限制和社会兴趣而言，我们都是"双文化"的。我们对与他人之间的联系的意识以及我们在多大程度上想与他人打交道，随着时间的变化而变化……因此，有些时候我们在某些方面更像东方人，有些时候更像西方人。因此，可以期待在典型的社会行为上的转变将带来典型的观念和思维模式的转变。[1]

科学领域里光的"波粒"二象性似乎抓住了人类在管理生活时可用的两套对立的模式和范式。尼斯比特教授的描述——"有些时候我们在某些方面更像东方人，有些时候更像西方人"——与对光的"波粒"本质的描述正好吻合。光有时候像波浪，有时候像粒子。爱因斯坦如此描写光的波粒二象性的互补性：

> 就好像我们有时候必须使用这个理论，有时候必须使用另外一个理论，有时候则使用任何一个都行。我们遭遇到一种新的困难。我们拥有两个对立的真实画面；分开单独看的话，两者中的任何一个都不能充分解释光的现象，但如果两者合起来，

---

[1] Nisbett, The Geography of Thought: How Asians and Westerners Think Differently, Kindle location 2758.

就能解释了！[1]

　　同样，分开单独看的话，东方的阴/不可言喻性和西方的阳/可言喻性的基本特征、模式和范式都不能充分解释人类神秘费解的现象，但如果将两者结合起来，就能解释了。

---

[1] Albert Einstein and Leopold Infeld, The Evolution of Physics, From Early Concepts to Relativity and Quanta (New York: Simon & Schuster, 1966), 263.

译后记

　　2017 年 8 月初，译者意外收到韩国驻华使馆柳昌洙参赞的电邮，询问是否对翻译韩国前驻美大使、副外长和延世大学教授崔英镇的《东方与西方》四卷本系列丛书感兴趣。在得知译者对此有兴趣之后，作者崔英镇教授和译者开始了直接的交流。我们商量如何写翻译选题简介，以及联系哪家出版社等。译者在此过程中与作者多次交流涉及修改稿和翻译问题的处理。2017 年底，柳参赞转任日本仙台副总领事前委托在韩国成均馆大学读博士的葛小辉女士负责促成作者与中国政法大学出版社达成出版协议。本书是系列丛书的第一部，作者希望这套四卷本的丛书能陆续出版，祝愿他美梦成真。

　　这套丛书系统、全面地对比了东西方文明的基础，以不带西方中心主义有色眼镜的东方文化圈内人的身份审视两个文明的世界观，试图克服障碍，帮助读者实现真正的理解。作者从人与自然的关系、身心关系、人与人的关系及国际关系模式四个方面深刻探讨了作为东西两大文明基础的精神和文化哲学。

　　卷一《东方与西方：道家与犹太哲学》谈论东西方文化有

关人与自然关系的对比。重点讨论的问题是：将道家的人与自然的和谐与犹太哲学将人凌驾于自然之上进行对比的意义何在？为什么东方有道，西方有神？道和神有什么差别？这些差别如何反映在各自的文明中？为什么人类拥有不同文明？全书共分为七章，第一章东方之道与西方之神谈到东西方两大经典《道德经》与《摩西五经》，并对其典型特征进行对比，如不可启示之道与可启示之神，自然之道与超自然之神，不可言喻之道与可言喻之神，否定性之道与肯定性之神等。接下来几章对东西哲学的基本概念无极、存在和生成，不可言喻性（相对真理）与可言喻性（绝对真理）、不可言喻之无为与可言喻之行动、受限的东方与扩张的西方等特征进行对比；东方的阴阳互补与西方的二元论冲突以及它们在人的行为（阴/不可言喻与阳/可言喻性）和科学［可言喻性（经典物理学）与不可言喻性（现代物理学）］上的体现；东方的转化论与西方的创造/进化论，从东西方的创造神话对比人在自然中的位置，人究竟是地球上的寄生虫还是动物的典范？是和谐相处还是支配控制？在第五章总结东西方阐述人与自然的两种模式之后，作者回顾道与神的演化过程，道从自然哲学到大众宗教，神则从犹太教、基督教、自然神论、无神论和斯宾诺莎主义一路延续下来。最后，作者提出人与自然关系的东西方和解途径，这里面包括道与神的和解、人与自然的和解、不可言喻性与可言喻性的和解。

卷二《东方与西方：人与精神》对比分析两种世界文化对人性本质的看法，考察了东西方人的心态。作者通过分析斯宾诺莎和荀子的著作来显示，西方文明在十九世纪之前一直认为精神是人的本质，是区别于身体的独立实体，东方文明将人看作是自然界内实现语境化的社会动物，以儒家和道家为代表的东方哲学比西方早数百年就提出不受神学干扰的有用的伦理学、政治学和政治经济学主张。作者认为对人性有三种阐释：传统的西方观点（人性有罪），当今西方观点（人性善）和东方观点（人性有问题），证明社会对人性的阐释是其政策和政治经济学的哲学基础，阻碍西方人对人性的自然理解的精神支配的崩溃已经终结了神学时代和形而上学，但对人性的正确理解仍然具有极端的重要性，因为任何伦理学、政治制度和政治经济学的概念都最终可以追溯到人们对人性的阐释。

在考察了东西方文化是如何定义人与自然的关系及身与心的关系之后，作者在卷三《东方与西方：儒家与基督教》中转而探讨东方儒家和西方基督教定义下的人与人关系，旨在阐明东西方对人与人关系的两种对立模式的起源、表现和演化过程。孔子和耶稣讲授了同样的伦理学：相互关爱。但是，在源自犹太教的基督教中，强调的是"遵从你的神"原则，人与神的关系常常优先于人与人的关系，西方历史上充斥着"爱你的邻居"与"遵从你的神"之间的冲突。与此同时，与道家和谐相处的儒家的焦点专注于人与人的关系，认为仁是区分君子和小人的关键因素，两者的划分是纯粹基于个人修身成果而定，不是基于信仰、种族、血缘、财富。君子和小人的概念对理解东亚文明中人与人的关系至关重要，不受任何宗教因素的干预，伦理学是指导人与人关系的唯一原则。西方的基督徒异教徒和东方的君子小人对立是我们理解东西方人与人关系的关键，也是东方自然哲学对西方超自然宗教、东方综合论对西方一神教、东方转化论对西方目的论、东方伦理学对西方法律的差别的根本原因。

卷四《东方与西方：国际关系模式》是作者对东西方文明研究三部曲的延伸，阐明了东西方国际关系两种对立模式的起源、表现和特征。突出强调东西方的文化差异，全面、合理地观察东方途径在国际关系上的运用，旨在帮助我们更好地理解文明术语和地理术语描述的东方，从对待其他国家的行为的角度来对比东西方两种国际关系模式，描述了十五世纪的两位海军将领郑和和达迦马如何表现出两种完全不同的行为特征。作者提出发人深省的深刻见解，即西方出现了从攻击到贸易的范式转变，这使得人们有必要抛弃扩张、自由–冲突解决、胜利等西方原则，转而将东方的维持现状、和谐–等级差异、管理和预防冲突等原则作为关键。我们现在似乎处于国际关系从攻击（或军事）到贸易（或市场经济）的历史范式转变过程之中，世界的相互联系变得更加紧密。作者的分析有助于世人摆脱西方中心主义视角，平等地看待东方。

译者相信，这种全面和系统地对比东西方文明基础的著作，有助于不同文化的人们认识到东西方能通过相互理解和相互学习以丰富各自的文明，实现真正的理解。

将道家与犹太哲学作为东西方文明对比的起点是非常有道理的。现代早期意大利犹太哲学家卢扎托（Luzzatto）认为西方文明是由两种力量构成，一是古代希腊或雅典的文化，一是犹太人的宗教思想。"在哲学上，《圣经》一直是后世哲学家的思想和资料的源泉。《创世记》可以说是犹太教的宇宙发生论，与希腊哲学的宇宙发生论并驾齐驱，成为后来哲学家们无法回避的哲学问题，其中的篇章文字也是重要的资料来源。犹太教之《圣经》不仅是群经之首、犹太教大道之源，还是犹太哲学之活水源头，推而广之，更为西方文明之一大根源。《圣经》的宗教价值、文化价值、哲学价值、文学艺术价值，无论怎样估价都无过高之嫌。"[1]法国学者菲利普·尼摩这样阐述《圣经》的世界观意义、人格学意义及政治学意义，"我认为《圣经》赋予了西方思想如下的独特启发：（1）一种自由感，宇宙的自由感——而不再仅仅是如同希腊和罗马那样的社会自由感；（2）一个超越祭祀牺牲品机制的逻辑倾向，使犹太基督教社会在对人格的绝对价值化道路上走得比罗马法远得多；（3）俗权与教权的分离，因而出现了国家的非神圣化，这是民主出现的必要条件"。[2]著名学者陈鼓应说，中国"文化的主干是儒家，哲学的主干是道家"。他认为，老子是中国第一位哲学家，提出道的概念，开创直觉思维，是中国思维方式的典范。纵观中国哲学史，很多核心概念跟范畴，"道""气""理""太极""有无""言意""动静"等都是道家首创。无论宇宙本体，思维方式，道家的建树都比儒家更为丰富，更为深刻。儒释道包容，西方排他。道家为中国哲学注入了四种精神：宽容胸怀，个性尊重，齐物精

---

〔1〕 K. C. Jeremiah："犹太教《圣经》的哲学思想"，https://www.douban.com/note/64342429/，最后访问日期：2010年3月20日。

〔2〕 [法]菲利普·尼摩：《什么是西方：西方文明的五大来源》，阎雪梅译，广西师范大学出版社2009年版，第186页，转引自王宏印：《世界文化典籍汉译》，外语教学与研究出版社2011年版，第124~125页。

神，异质对话。[1]

正如本书作者所说，东方之道与西方之神是不同的。谢遐龄把人的存在体解析为三重——自然存在、社会存在、文化存在。他解释说，"自然存在体指血肉之躯。社会存在体指生产关系、政治关系、亲属关系等之总和。人之文化存在体是传统化成，传统浸润人的心灵化为其文化存在体……信仰问题在基督教文明中起初是个神学问题，后来又演化为道德哲学问题。《圣经》中的神，像个存在体；而中国思想中的天，虽有意志，有主宰义，但存在体意味不那么强。基督教还有'道成肉身'说。道，《约翰福音》希腊本原文为逻各斯。《约翰福音》劈头一句'太初有逻各斯'，像极了理学'太极即理'。逻各斯在整个西方思想史的位置，大略相当于道理在中国思想史的位置。《周易·系辞》：'立天之道曰阴与阳；立地之道曰柔与刚；立人之道曰仁与义'……天道、地道、人道三道贯通。天道内涵仁性。王道内涵仁政。'率土之滨，莫非王臣'——不预设敌人作为结构性的存在。基督教的道，派性十足。耶稣明确要求信徒背着十字架跟他走；如果家人，哪怕是亲娘，不跟耶稣，就是敌人。所以基督教取'主内兄弟姐妹—异教徒'为划分人群的结构模型"。[2]

北京大学张世英教授在第 24 届世界哲学大会上的演讲中提

〔1〕 陈鼓应、曾繁田："吹万不同，道通为一"，载《儒风大家》2016 年 1 月 4 日，http://guoxue.ifeng.com/a/20160104/46935139_1.shtml。

〔2〕 谢遐龄："为什么儒学必须现代化?"，载《哲学研究》2014 年第 8 期，http://www.rujiazg.com/article/id/12305/。

到，西方主客二分有三大特点：（1）重视个人的独立自主，重视个人的主体性；（2）在思维方式上，重理性，非此即彼，彼此很分明；（3）更崇尚超越、超时空的抽象概念。中国的哲人重视天人合一、万物一体，也有三大特点：（1）重视群体意识，轻视个人的独立自主性；（2）在思维方式上面不重视分析，而是重视直观整体，崇尚彼此一体；（3）重视现实的生活，不太重视抽象的概念世界。他认为中国哲学的未来走向依然是继续走五四运动以来开创的道路，继承中国天人合一、万物一体思想的优点，强调和谐的精神，把中国传统的天人合一和西方近代的主客式的主体性有机结合起来，走出一条中国式的"后主客"式的天人合一的道路。[1]

武汉大学哲学教授、国学院院长郭齐勇曾经把中国哲学的精神与特点概括为自然生机、普遍和谐、创造精神、秩序建构、德性修养、具体理性、知行合一。"长期以来，在西方，一元外在超越的上帝、纯粹精神是宇宙的创造者。人与神，心与物，此岸与彼岸，致思界与存在界，身体与心灵，价值与事实，理性与情感，乃至如如不动的创造者与被它创造的生动活泼的世界，统统被打成两橛……中国哲学的主流是自然生机主义的，没有凌驾于世界之上的造物主。中国哲学是气的哲学而不是原子论的哲学，气的哲学昭示的是连续性的存在，变动不居，大化流行，生机无限。"文中引用汤一介的话："普遍和谐"的观念

---

[1] 张世英："世界哲学在走向中西哲学互通互融的大道上大步前进"，第24届世界哲学大会，2017年8月13~14日。http://www.aisixiang.com/data/105646.html。

是"天人合一"的基本命题和"体用一源"的思维模式的产物，包括了自然的和谐、人与自然的和谐、人与人的和谐，以及人自身内外身心的和谐，是儒、释、道三家共同的思想旨趣。文中与本书内容相得益彰的话还有"中国文化甚至主张人性、物性中均有神性，人必须尊重人、物（乃至草木、鸟兽、瓦石），乃至尽心——知性——知天，存心——养性——事天。至诚如神，体悟此心即天心，即可以达到一种精神的境界，这不会导致宗教迷狂、排他性与宗教战争，而又有安身立命的终极关怀"。[1]

其实，东西文化的对比一直是近代以来中国学者非常关心的话题。梁漱溟先生的代表作之一，首次出版于1921年、2009年商务印书馆再次出版的《东西方文化及其哲学》是长期引起思想界关注的重要著作。梁漱溟先生将中、西、印文化概括为三种不同的人生路向：西方文化是征服自然、改造环境的路向，中国文化是以意欲自为调和、持中为其根本精神的，印度文化是以意欲反身向后要求为其根本精神的。中国文化以孔子为代表，以儒家学说为根本，以伦理为本位，它是人类文化的理想归宿，比西洋文化要来得"高妙"，认定"世界未来的文化就是中国文化复兴"，认为只有以儒家思想为基本价值取向的生活，才能使人们尝到"人生的真味"。与这种比较乐观的看法相反，译者在翻译本书时碰巧看到的张荫麟在1942年6月谈论中西文化差异的文章，则更多是意识到中国文化的缺陷，这可能反映

---

〔1〕 郭齐勇、王晨光："中国哲学的精神与特点及其对现代性的批判与调适"，载《人文论丛》辑刊2015第2辑总第24卷，武汉大学出版社2015年版。http://www.aisixiang.com/data/104916.html。

多数国人追赶西方的危机意识。"我们有占星术及历法，却没有大文学；我们有测量面积和体积的方法，却没有几何学；我们有名家，却没有系统的伦理学；我们有章句之学，却没有文法学。这种差异，绝不是近代始然，远在周秦希腊时代已昭彰可见了。"他认为原因在于，"中国人对实际的活动的兴趣，远在其对纯粹的活动的兴趣之上。在中国人的价值意识里，实践的价值，压倒了观见的价值；实践的价值，几乎就是价值的全部；观见的价值简直是卑卑不足道的。反之，西方人对纯粹的活动，至少与对实际的活动有同等的兴趣。在西方人的价值意识里，观见的价值，若不是高出乎实践价值之上，至少也与实践的价值有同等的地位"。就受限的环境与扩张的环境的对比，我们看到与本书类似的说法，可以说是本书的某些佐证。"就社会的生存上看，过去中国的文化始终是内陆的农业的文化，而西方文化，自其导源便和洋海结不解的关系……海外开拓的传统是中国历史上所没有的……洋海的文化恰如智者，尚知；内陆的文化恰如仁者，尚德。洋海的文化动，所以西方的历史比较的波澜壮阔，掀扬社会基础的急剧革命频见叠起。内陆的文化静，所以中国历史比较平淡舒徐，其中所有社会的大变迁都是潜移默化于不知不觉，而予人以几千多年停滞不进的影象。洋海的文化乐水。所以西方历史上许多庞大的政治建筑都是'其兴起也勃焉，其没落也忽焉'，恰如潮汐；而中国则数千年来屹立如山。"[1]

---

[1] 张荫麟："论中西文化的差异"，载《思想与文化》1942 年 6 月。http://www.aisixiang.com/data/106622.html，最后访问日期：2017 年 10 月 25 日。

关于中国文化的论述，译者印象深刻的还有，"在人和人的方法层面，中国人没有建立视角（perspective）、参照系（reference）、基准点（benchmark）和分析工具（analytical tools）。经史子集的方法论让中国人瞎子摸象，不可能发现科学规律。这四个要素条件，几乎覆盖了所有学科的知识兴起条件，极为重要。每个人在思考和写作的过程中，都应该围绕这四个要素条件展开自我追问。封闭意义上的中国传统文化，最大的问题，是没有深度思考人的意义和人的价值，却又设计出一套道德规范，拼命地抬高自己，压制别人。这么做导致了三个效果，第一，人和人之间充满了战争；第二，有时候把人看成了天使；第三，有时候把人看成了畜生。总之，从来没有把人看成人，因为不懂什么是人。"[1] "时间和空间是人类的枷锁。身体的移动并不能带来生命的宽广，惟有想象力才能让我们走得更远。这既是生命的态度，也是学术的方法……一个人无论做什么事情，一定要细节精致，严密，精益求精。反观我们，写文章一堆错别字，窗户总是漏风，螺丝螺帽总是不吻合，喷油漆不均匀，实话实说，我们甚至连一张桌子都擦不干净，一粒扣子都缝不牢靠。"[2] "最重要的问题是对人的界定。一，在宇宙万物中界定人的位置；二，在永恒秩序中界定人的心灵方向；三，在当下世界秩序中界定人的行为边界。在完成三大任务后，一个人的生命和知识将处在不断涌现的过程中……在所有的写作形

---

〔1〕 苏小和："人不思考死亡，就只能猥琐地活着"，http://blog. caijing. com. cn/expert_ article-151352-96037. shtml，最后访问日期：2017 年 9 月 4 日。

〔2〕 苏小和："当我犯下大错，愿我痛哭一场"，http://blog. caijing. com. cn/expert_ article-151352-96035. shtml，最后访问日期：2017 年 9 月 4 日。

式当中，那种缺少专业路径的所谓文史哲一锅烩的写作，除了文人们抖一抖机灵，几乎没有任何意义。而且还会误导读者，让人以为只要瞎扯、自恋，就可以混一辈子。文人趣味真是害死人。"[1]

陈鼓应说，"二十世纪以来，以'道'为核心的中国文化跟以'Logos'为中心的西方哲学，从怀特海到海德格尔，开启了东西方异质对话的通道。已有不少西方哲学家反省'西方中心论'，为东西方对话奠定了基础。由哲学对话落到现实世界，东西方需要进行多层次的异质对话……庄子的宇宙视野最能和全球化视域相应，庄子的自由精神跟齐物思想则最具现代性的意义"。本书作者似乎很少提及庄子，这是译者在翻译中稍微感到纳闷的地方。为此，补充一些陈先生对庄子的论述供有兴趣的读者参考。"老子偏重治国，而庄子偏重治身，他从个体生命出发，注重养形、养神。庄子推崇精神境界，人的形迹很小，但是心很大。他用浪漫主义的笔法、文学的想象力，描绘鲲鹏展翅的壮阔景象，借形的巨大，衬托心的宽广，所以说逍遥游的主旨是'游心于无穷'。老子'无为'，庄子'游心'，这是老跟庄在内涵上的重要差别……庄子借'本无''变而有'的气，将老子'玄之又玄'的道，化予万物生生，由自然的存在转入生命的境界。'游'是庄子人生哲学最独特、最具有代表性的观念。所谓'游'，是个体生命自得自适的意境，不仅是主体精神在困顿中获取自由，也是主体心灵在观照万物中体悟美感。'物

〔1〕 苏小和："所有错误都会在六十岁之后结出悲伤的果实"，http://blog. caijing. com. cn/expert_ article-151352-96033. shtml，最后访问日期：2017 年 9 月 4 日。

化'要与'道通为一'联系起来看，'化'和'通'是庄子哲学重要的范畴，鲲可以化而为鹏，庄周可以化而为蝴蝶，大化流行，个体生命在宇宙大生命中不住地流通、会通。"现代社会的物质化、功利化，将人机械化、工具化。人们追逐物欲与世沉浮，浮动、盲动、骚动。群体迷失了方向，个体丧失了自我。资讯铺天盖地，人迷失其中，终日关心琐屑之事，自己的心智跟精神也变成了碎片。科技把人们之间的距离缩短，同时又把每个生命孤立起来，人与人之间反而更远了。老庄倡导的虚、静、明等，有助于我们与过度的物质追逐拉开距离，反思人生的走向。庄子像一面镜子，映照现代人心灵的浮躁与紧张。《齐物论》说，"一受其成形，不忘以待尽。与物相刃相靡，其行尽如驰，而莫之能止，不亦悲乎！终身役役而不见其成功，苶然疲役而不知其所归，可不哀邪！人谓之不死，奚益！"〔1〕

　　译本出版之际，译者要感谢作者崔英镇教授的厚爱和信任，感谢他在翻译过程中对译者的帮助和对译文提出的修改意见。译者在翻译过程中参考了若干著作，如陈蒲清译注《四书》（花城出版社 1998 年版），《圣经》（简化字现代标点和合本）（南京爱德印刷有限公司 2001 年版），贺麟译《斯宾诺莎文集》第四卷《伦理学》（商务印书馆 2014 年版），《老子道德经注》（中华书局 2011 年版），线装经典编委会编《国学经典》（云南出版集团公司 2010 年版），《易经》（北京燕山出版社 2009 年版），弗朗索瓦·朱利安著、林志明译《功效：在中国与西方思

---

〔1〕 陈鼓应、曾繁田："吹万不同，道通为一"，载《儒风大家》2016 年 1 月 4 日，http://guoxue. ifeng. com/a/20160104/46935139_ 1. shtml。

维之间》（北京大学出版社 2013 年版），达尔文著，周建人、叶笃庄、方宗熙译《物种起源》（商务印书馆 1995 年版），伏尔泰著、王燕生译《哲学辞典》（商务印书馆 1991 年版），莎士比亚著、朱生豪译《哈姆莱特》（人民文学出版社 1977 年版），笔者对这些著作的编者和译者表示感谢。最后译者要感谢中国政法大学出版社张琮军老师的信任和支持，感谢为本书的出版付出辛勤劳动的编辑。

译者

二〇一八年八月于武汉青山